Fake news

Fake news

La nueva realidad

ESTEBAN ILLADES

Grijalbo

Fake news
La nueva realidad

Primera edición: enero, 2018

D. R. © 2017, Esteban Illades

D. R. © 2018, derechos de edición mundiales en lengua castellana:
Penguin Random House Grupo Editorial, S. A. de C. V.
Blvd. Miguel de Cervantes Saavedra núm. 301, 1er piso,
colonia Granada, delegación Miguel Hidalgo, C. P. 11520,
Ciudad de México

www.megustaleer.com.mx

ISBN: 978-607-316-088-9
Impreso en México – *Printed in Mexico*

El papel utilizado para la impresión de este libro ha sido fabricado a partir de madera procedente
de bosques y plantaciones gestionadas con los más altos estándares ambientales, garantizando
una explotación de los recursos sostenible con el medio ambiente y beneficiosa para las personas.

Para Valeria
A este mundo llegaste

Para ser persuasivos debemos ser confiables;
para ser confiables debemos ser creíbles;
para ser creíbles debemos ser veraces.

EDWARD. R. MURROW

El problema con las citas que uno encuentra
en internet es que la mayoría no son ciertas.

BENITO JUÁREZ

ÍNDICE

TERCERA PARTE
En México se llaman noticias

INTRODUCCIÓN

Un tiburón nadando en los andenes del metro en Nueva York. Otro rebasando un automóvil en uno de los anillos periféricos de Houston. Vientos que hicieron que una persona volara literalmente por los aires en Miami.

Durante la temporada de huracanes y tormentas de 2017 estas imágenes y videos circularon una y otra vez por las redes. Un video en particular, que afirmaba mostrar la devastación del huracán *Irma* en el Caribe, fue visto por más de 20 millones de personas en sólo 24 horas.[1]

La situación es que se trataba en realidad de una grabación de 2016 —o quizás incluso antes— de un tornado en un país situado a miles de kilómetros de distancia. No era huracán y no ocurría durante 2017. A primera vista y al primer clic, era difícil darse cuenta, al grado de que incluso meteorólogos profesionales y medios de comunicación daban por genuino el video.

En una segunda inspección —una de las marquesinas de los negocios que aparecen en el video tiene su nombre escrito en español, mientras que el autor sostiene que el testimonio proviene de Antigua y Barbuda, donde sólo se habla inglés— no era tan difícil darse cuenta de la rareza del suceso. Ya para entonces era demasiado tarde. El pánico fue sembrado. Casi nadie se tomó la molestia en verificar si los videos eran ciertos o no.

Tal y como ocurrió casi 80 años antes. Mismo pánico, mismas reacciones, mismos medios propagando el miedo y la desinformación.

El 30 de octubre de 1938 miles de estadounidenses encendieron su radio como era costumbre. En ausencia de televisión, que estaba a unos cuantos años de convertirse en el medio más popular de entretenimiento, la radio era la diversión familiar perfecta.

Pasadas las ocho de la noche, como sucedía desde julio, el programa *Mercury Theater on Air*, creación del prodigio Orson Welles, de apenas 23 años, iniciaba su transmisión. El programa comenzaba a despertar interés; aunque no estaba ni cerca de ser lo más popular de la hora el número de radioescuchas iba en aumento e incluso alcanzó los cientos de miles.

No era para menos: a lo largo de una hora, Welles y un gran reparto de actores dramatizaban libros clásicos. En su primer episodio adaptaron *Drácula* de Bram Stoker, y, a pesar de tener baja audiencia, el programa generó revuelo por transmitir contenido que en ese entonces se consideraba demasiado tétrico para las ondas radiales.

Entre las obras que seleccionaron para su interpretación también se encontraba *La isla del tesoro* de Robert Louis Stevenson, *El conde de Montecristo* de Alejandro Dumas y *Julio César* de William Shakespeare.

Sin embargo, para el episodio 17 del serial, Welles, el productor John Houseman y el escritor Howard Koch tenían una idea novedosa. Utilizarían otra obra, una "inadaptable" por un problema fundamental: se trataba de una novela sobre el avance de la tecnología en el siglo XIX y sus implicaciones en la sociedad británica. Este gran clásico de la ciencia ficción necesitaba actualizarse y modificarse para que fuera relevante para el público estadounidense.

Ésa fue la razón de que Welles y sus compañeros decidieran reescribirla. En lugar de la campiña inglesa, la trama sucedería en Nueva Jersey. En lugar del siglo XIX, se modificaría para que ocurriera durante el presente. Y, para darle el mayor realismo posible, se transmitiría en tiempo real. El programa duraría una hora y se narraría en el estilo de las noticias del momento: lectura de boletines con interrupciones y entrevistas y "reportajes" desde el lugar de los hechos.[2]

Al principio de la transmisión, Welles leyó su mensaje acostumbrado. Lo hizo de manera veloz y, dado que ocupó escasos segundos, hubo quien no alcanzó a escucharlo y jamás se enteró que los siguientes minutos serían ficción, puro entretenimiento: *simulación*.

Segundos después llegó una introducción un poco más larga e incomprensible para el radioescucha común y corriente: sólo una frase destacaba que la narración ocurría en 1939, un año más tarde. Nadie, salvo quien prestara una cuidadosa atención a cada palabra, hubiera seguido el juego.

Si se tiene en mente que escuchar la radio durante esa época era el entretenimiento familiar, era posible que las personas no lo escucharan en silencio; que comentaran el programa y que obviaran algunos detalles clave como ése.

El audio dio pie a una transmisión musical ligeramente desafinada que daba la impresión de tratarse de un concierto en vivo.

15

El grupo (inventado) Ramón Raquello y su orquesta tocaba los éxitos del momento como *La Cumparsita* y *Stardust*, para que la gente relacionara la transmisión con su actualidad.[3] Pero cada que una canción estaba por concluir, algo la interrumpía: boletines "especiales" emitidos por el (inexistente) reportero Carl Philips, quien entrevistaba al (inexistente) profesor de astronomía de Princeton, Richard Pierson.[4] Pierson, en el tono solemne de un académico, comentaba a Philips que alertó minutos antes al gobierno de un cúmulo de explosiones en la superficie del planeta Marte. Al terminar el boletín, la música de Ramón Raquello hizo que la calma regresara a loi oídos del público, aunque sólo por unos minutos.

La narración y producción aceleraron el drama hasta que, al filo de la media hora de transmisión, Philips reportó que un meteorito con apariencia cilíndrica había hecho contacto con el pueblo (éste sí verdadero) de Grover's Mill en Nueva Jersey.

Los marcianos invadían la Tierra.

Los reportes de lo que sucedió después difieren entre sí. La historia, mitificada a lo largo de los años, dice que la transmisión de *La guerra de los mundos* generó pánico nunca antes visto. Que hordas de estadounidenses, aterrorizados por la invasión marciana, salieron a las calles o se encerraron en sus sótanos. Que el miedo fue tal que hubo accidentes de tránsito y pueblos enteros pararon sus actividades.

Sin embargo, Brad Schwartz, autor de *Broadcast Hysteria: Orson Welles's War of the Worlds and the Art of Fake News*, el libro más detallado sobre el tema, afirma que el miedo del que se habla jamás existió. Ocurrió, pero por motivos distintos a los que uno pensaría.

Es cierto que hubo casos como el de Estelle y John Paultz, una pareja cuyos ahorros después de la Gran Depresión, la mayor recesión económica de Estados Unidos, eran de apenas seis dólares. Los Paultz, que encendieron la radio cuando la narración de la llegada marciana estaba en su apogeo, recogieron sus cosas, abrieron de par en par la puerta de su edificio y gastaron todo su dinero en pasajes de tren para escapar de los marcianos. No fue hasta que estaban a muchos kilómetros de distancia de su hogar que conocieron la dolorosa verdad: fueron engañados por un programa de entretenimiento. Sin una moneda en su bolsillo, los Paultz tardaron días para volver a casa.

El daño más grave no lo causó la transmisión sino los medios de comunicación que la cubrieron. *The New York Times*, el periódico más importante de Estados Unidos, habló de "histeria masiva".[5] Otros medios utilizaron palabras tan vagas como "muchos", o expresiones como "en varios lugares" para describir la noticia, sin aclarar cuáles o cuántos, para referirse a la supuesta histeria.

Dos años más tarde, la Universidad de Princeton publicó un estudio sobre la transmición que terminaría por convertir el mito en verdad: *The Invasion from Mars, a Study in the Psychology of Panic*, escrito por Hadley Cantril. En su análisis, Cantril narró historias increíbles que sucedieron a lo largo del país, desde lugares como San Francisco, en la costa oeste, hasta Indianápolis, en el centro.

El problema del estudio, relata Schwartz, es que en lugar de utilizar datos y estadística para elaborar un reporte científico, el núcleo del análisis era anécdotico y no incluía ninguna historia que no concluyera que los estadounidenses entraron en pánico la noche del 30 de octubre de 1938.[6]

Y esto ¿qué relevancia tiene?, se preguntará uno. ¿En qué afecta que académicos y periodistas prioricen un evento o alteren datos si a fin de cuentas escriben sobre un programa de entretenimiento?

La respuesta es sencilla: en mucho. Los análisis y las notas subsecuentes a la transmisión de la dramatización de *La guerra de los mundos* pudieron tener un efecto catastrófico, más porque los legisladores estadounidenses se los tomaron en serio. Al leer que Welles y su elenco habían causado tal conmoción en las calles, al mismo tiempo que Adolfo Hitler encaminaba a Europa a una inevitable guerra mundial, algunos congresistas propusieron limitar la libertad de expresión en Estados Unidos; que se prohibiera este tipo de transmisiones por los efectos nocivos que tenían sobre la sociedad y se castigara a quien resultara culpable de jugar con las emociones de los estadounidenses.

A final de cuentas no sucedió nada, pero la transmisión dejó una importante lección: siempre habrá quien acepte las cosas sin preguntar ni preguntarse sobre su veracidad, ya sea un programa de radio o televisión, una noticia de un medio con reputación intachable o un simple rumor disfrazado de verdad. En 2018 esa persona incluso puede ser el presidente de Estados Unidos.

La elección de Donald Trump al puesto más importante del mundo occidental cambió muchas de las preconcepciones que se tenían sobre el funcionamiento de las sociedades modernas. Meses antes hubo una advertencia con la votación conocida como *Brexit* en el Reino Unido, en la cual la mayoría de los votantes optó por que su país saliera de la Unión Europea.

El triunfo de Trump sorprendió por varios motivos (económicos, políticos, sociales), pero el más importante estuvo relacionado con la información. Como nunca antes, los estadounidenses tuvieron acceso casi irrestricto a medios de comunicación: desde la radio, cuyo público ha declinado en tiempos recientes (al igual que la prensa impresa), hasta los tradicionales como la televisión (a pesar de su bajo *raiting*) o actuales como internet.

Todos estos medios, al alcance de los dedos, inundaron la conversación pública con contenido nunca antes visto. Durante las campañas presidenciales en Estados Unidos el votante podía incluso revisar, en tiempo real, la veracidad de los dichos de los candidatos. Podía conocer cualquier cosa sobre ellos, sin filtro alguno.

Es ahí donde se torció el asunto. El torrente de información no era limpio, mucho de lo que ahí circulaba no había sido verificado. Así como se podían leer textos investigados y documentados sobre los millones de dólares que defraudó la fundación de Donald Trump,[7] también se podían escuchar a personas que discutían y ponían en "evidencia" la enfermedad terminal de Hillary Clinton que la mataría antes de las elecciones.[8]

Muchos dirán que la desinformación no es nueva, y ahí está el caso de *La guerra de los mundos* como ejemplo. Hay incluso otro anterior: la campaña egipcia de Napoleón Bonaparte. Bonaparte viajó a Egipto en la última década del siglo XVIII con la idea de conquista. Las cosas no salieron como esperaba y la campaña egipcia fue un fracaso rotundo. No obstante, en Francia la idea que se tuvo de la expedición de Bonaparte fue muy distinta. Las noticias afirmaban el enorme éxito que el poderío francés consolidaba en África.

¿Cómo lo logró? De manera muy sencilla. Al igual que en campañas previas como la de Italia, se alió con la prensa y los artistas de moda para convertir la expedición en algo glorioso. Pidió que pintaran cuadros de él en plena conquista, que escribieran notas sobre sus grandes hazañas, así fueran ficticias, e incluso consiguió que varios dramaturgos escribieran obras que exaltaban sus inexistentes triunfos.[9]

Propaganda, desinformación, noticias falsas. Ningún término es de reciente creación. Aun así, con la llegada de Donald Trump al poder, estos tres conceptos han tomado un lugar central en la política y en la sociedad mundial, al grado de ser usados de forma indistinta en diferentes países. Desde Luis Videgaray, en México, cuando se reportó sobre que había ayudado a reescribir un discurso de Donald Trump —"Nunca pensé que llegaría el día en que yo usaría esta frase, pero hoy aplica: *Fake News*", tuiteó—,[10] hasta la persona cuyo discurso reescribió, el presidente de Estados Unidos.[11]

Pero eso no es todo. A la par de que la credulidad ha dado pie a la desinformación —la gente no conoce la procedencia de su información ni verifica si es fidedigna—, tanto medios como gobiernos han ayudado a que la ciudadanía —es mejor no generalizar para no caer en la misma trampa que los estudiosos de *La guerra de los mundos*— cuestione más y, a la vez, menos. Por paradójico que suene, la llegada de Donald Trump a la escena global ha hecho que los medios tradicionales —los que en teoría saben hacer su trabajo y presentan datos sólidos— se conviertan, en la mente de muchos, en predicadores de falsedades.

La idea de que existe una "narrativa" preestablecida, que la prensa miente, que sólo informa lo que desea, ha llevado a que estadounidenses, europeos e incluso mexicanos busquen noticias en otras fuentes, muchas de las cuales tienen como único objetivo generar basura para confundir al lector y lucrar con ello.[12]

También hablamos de gobiernos dado que esta nueva era de la desinformación tiene un soporte muy importante: el papel de ciertos actores estatales en la diseminación de falsedades. Para no ir más lejos, Rusia, cuya intervención en el proceso electoral estadounidense está más que documentada, ha ayudado a propagar las así llamadas *fake news*. A la par, o tal vez en consecuencia de esto, el gobierno de Estados Unidos ha seguido la misma estrategia, y, a diferencia de tiempos anteriores, es mucho más común que las agencias gubernamentales presenten datos o conjeturas que no tengan ningún respaldo fáctico en absoluto. Las mentiras ya no tienen ningún velo.

De eso trata este libro. La idea detrás de estas páginas es mostrar cómo la desinformación, que ha acelerado su paso con los años, ha aumentado desde 2015, cuando Donald Trump anunció su intención de buscar la candidatura del Partido Republicano. A lo largo de los siguientes capítulos el lector comprenderá cómo los gobiernos estadounidense y ruso participan directamente en la promoción de contenido falso; cómo la propia prensa cae en este juego, y qué efectos ha tenido. Por ejemplo, en los casos artificales de #*Pizzagate* y Seth Rich, que han tenido consecuencias reales.

También se verá cómo la falsedad no es exclusiva de la política, y cómo incluso ha entrado a un campo con posibles efectos catastróficos: la ciencia.

Asimismo, se mostrará el papel que juegan las noticias en México y su efecto sobre los mexicanos, así como el naciente negocio de las falsedades y su notable efecto en la política.

Por último, se discutirá la dirección que la información toma: si acaso es posible contrarrestar la ola desinformativa, o si el futuro es tan desolador como la advertencia de Welles hace casi 80 años.

Fake news. Una expresión a la que tendremos que acostumbrarnos. Una expresión que nos dice que la realidad, en el siglo XXI, se está volviendo falsa.

NOTAS

[1] Craig Silverman, "Don't Fall for This Fake Viral Video of Hurricane Irma", *Buzzfeed*, 6 de septiembre de 2017. Disponible en https://www.buzzfeed.com/craigsilverman/a-fake-video-of-hurricane-irma-has-been-viewed-more-than-18. (Fecha de consulta: 6 de septiembre de 2017.)

[2] Brad A. Schwartz, *Broadcast Hysteria: Orson Welles's War of the Worlds and the Art of Fake News*, Hill & Wang, Nueva York, 2016. Posición 106 en la edición de Kindle.

[3] *Idem*, posición 1630.

[4] *Idem*, posición 1087.

[5] *Idem*, posición 108.

[6] *Idem*, posición 137.

[7] De hecho, a principios de 2017, David Fahrenthold, el reportero de *The Washington Post* que documentó los fraudes de las fundaciones ca-

ritativas de Donald Trump, ganó un premio Pulitzer por la cobertura. El Pulitzer es el galardón más importante en el periodismo estadounidense. Una compilación de sus trabajos premiados puede consultarse en http://wapo.st/2rBVHzU. (Fecha de consulta: 7 de junio de 2017.)

[8] Rod Dreher, "How Sick is Hillary", *The American Conservative*, 11 de septiembre de 2016. Disponible en http://www.theamericanconserva tive.com/dreher/how-sick-is-hillary/. (Fecha de consulta: 7 de junio de 2017.)

[9] PBS, "Napoleon, The Man and the Myth", *Public Broadcasting Service*, noviembre de 2000. Disponible en http://www.pbs.org/empires/napo leon/n_myth/self/page_1.html. (Fecha de consulta: 10 de junio de 2017.)

[10] Luis Videgaray, 9 de febrero de 2017. Disponible en https://twitter. com/LVidegaray/status/829888347715690496, 10 de junio de 2017.

[11] Tan sólo en lo que va del año, Donald Trump ha escrito 126 veces la expresión *fake news* en su cuenta de Twitter. Véase Trump Twitter Archive: http://www.trumptwitterarchive.com. (Fecha de consulta: 6 de noviembre de 2017.)

[12] No escapa que muchos medios mexicanos tradicionales puedan caer en esta categoría, la de la desinformación. A pesar de que varios de ellos presumen un rigor con estándares éticos, en la práctica su actuar es todo lo contrario. Para una descripción más a fondo de esta situación, la tercera parte de este libro, "En México se llaman noticias", resultará útil para el lector interesado en este tema.

PRIMERA PARTE

UN NUEVO MUNDO

1

FILTRACIONES, FILTRACIONES Y MÁS FILTRACIONES

Los espías rusos participaron en una serie de ataques cibernéticos y en una amplia campaña de desinformación, con el fin último de sembrar caos y socavar la fe pública en nuestros procesos, en nuestro liderazgo y por último en nosotros mismos. Y ésta no es sólo la opinión de este senador: es el consenso de toda la comunidad de inteligencia de Estados Unidos.

MARK WARNER,
senador por el estado de Virginia en audiencia pública.

El 22 de julio de 2016 el mundo se despertó con la noticia de que Wikileaks, la organización liderada por Julian Assange que publica en línea documentos confidenciales de los gobiernos nacionales, liberó 19 252 correos electrónicos internos del Partido Demócrata. Fiel a su hábito, Wikileaks no analizó el contenido ni borró nada —nombres, direcciones electrónicas de las personas involucradas— y simplemente publicó el *bonche* entero.

Los correos contenían desde cosas tan triviales como la pregunta de John Podesta, jefe de campaña de Hillary Clinton, sobre dónde debería pedir pizza para un evento con el fin de obtener fondos para la campaña,[2] hasta cosas mucho más serias, como los correos de Debbie Wasserman Schultz, entonces presidenta del partido, y de otras personas de alto rango. En estos últimos parecía confirmarse que los demócratas buscaban socavar la campaña de Bernie Sanders, quien competía contra Clinton por la nominación del partido a la presidencia del país.[3]

Los efectos de la filtración de los correos fueron casi inmediatos. A Wasserman se le prohibió participar en la convención del partido, en la que por tradición se elige al candidato. En el último de los tres días del evento, Wasserman renunció a su cargo.

Julian Assange, director de Wikileaks, que para entonces llevaba ya casi cuatro años encerrado en la embajada de Ecuador en el Reino Unido,[4] no reveló la fuente que le ofreció los correos a su organización, pero tiempo después un *hacker* (o grupo de *hackers*) autodenominado Guccifer 2.0 proclamó ser el responsable de la filtración masiva de correos.

De inicio, la persona Guccifer 2.0 dijo ser rumana; sin embargo, cuando un reportero le pidió que escribiera algo en rumano, las frases que utilizó, según expertos de la lengua, eran traducciones literales que se obtenían al utilizar Google Translate.[5] Aunque los documentos se conocieron por Wikileaks hasta el 22 de julio de ese año, Guccifer entró al servidor de los demócratas el 14 de junio. Su publicación con más de un mes de retraso obedecía a la intención de generar un máximo impacto al revelar el contenido de los correos.

Cuatro días antes de la revelación hubo un aviso, Guccifer mostró al sitio The Hill diversos documentos con la estrategia electoral de los demócratas; entre ellos, todo lo que tenían preparado para atacar a Donald Trump una vez que fuera nominado a la presidencia por el Partido Republicano.[6]

Según Crowdstrike —la compañía contratada por el Partido Demócrata para determinar la identidad de Guccifer y cómo entró al servidor de correos—, el responsable era en realidad un colectivo de *hackers* auspiciado por el gobierno ruso. El portavoz del Kremlin, Dmitri Peskov, rechazó la acusación de inmediato.[7]

El colectivo, como uno pensaría, no era tan sofisticado. En realidad se aprovechó de la inocencia de los funcionarios demócratas y de una cadena de errores: Podesta recibió un correo electrónico en su cuenta privada en el que se le pedía cambiar su contraseña por cuestiones de vulnerabilidad. Al verlo, le reenvió el mensaje a uno de sus ayudantes y éste, por la prisa, le respondió que el correo era "legítimo" cuando en realidad quiso escribir "ilegítimo". Podesta confió en su asesor y "cambió" la contraseña. Lo que hizo fue entregar sin chistar su *password* directamente a los rusos.[8]

Al día de hoy, el Federal Bureau of Investigation (FBI, Oficina Federal de Investigación) no tiene ninguna duda de que el gobierno ruso logró con éxito incidir en el proceso electoral estadounidense. El hackeo de Guccifer y la filtración posterior de Wikileaks son sólo una pequeña parte de la campaña liderada por Moscú para desestabilizar a Estados Unidos.[9]

Al día de hoy se desconoce qué tan profundas fueron la influencia y la intervención de Rusia. Incluso, hasta la publicación de este libro, continúan los reportajes sobre hechos antes desconocidos. Uno de ellos, publicado por Bloomberg, sostiene que los *hackers* llegaron a penetrar bases de datos con los registros de votantes en Illinois, al grado de que la Casa Blanca habló al Kremlin a través del así llamado "teléfono rojo" para quejarse. Según ese mismo texto, los *hackers* tuvieron acceso a diversos documentos de autoridades electorales en 39 de los 50 estados de la Unión.[10]

El gobierno ruso y sus *hackers* son, hoy por hoy, una de las mayores amenazas a la estabilidad mundial.

El internet, contrario a lo que mucha gente piensa, no es un lugar regulado. No se encuentra bajo control de gobiernos; si acaso, en algunos estados autoritarios. Ahí las leyes locales son capaces de restringirlo. Es lo que sucede en países como China o Turquía, donde el presidente Recep Tayyip Erdoğan tiene la facultad para suspender las redes sociales si así lo desea.[11]

Esta facultad tampoco es nueva. Desde el advenimiento de las redes sociales, el gobierno turco ha utilizado diversas herramientas para evitar que sus ciudadanos accedan a ellas. Una de estas herramientas es el "secuestro" de direcciones. En términos simples, la dirección local en la que se encuentra un sitio, por ejemplo el buscador Google, pasa a manos del gobierno turco. Cuando el usuario desea acceder al sitio o utilizarlo como medio para llegar a otro, encuentra un mensaje que le comunica que el sitio en cuestión no existe o simpemente prohibe su ingreso.

Esto nunca ha sucedido en México, salvo cuando el entonces Instituto Federal Electoral solicitó a YouTube eliminar el video que parodiaba una canción con el fin de acusar al entonces gobernador de Veracruz, Fidel Herrera, de robo.[12]

En Rusia, en cambio, la intervención del Estado en internet no tiene disfraz. Para censurar contenido o espiar a usuarios no se invoca ningún tipo de disposición legal, ya que el gobierno controla, *de facto*, todo el tráfico de internet que entra y sale del país, y lo hace de manera sencilla. Dentro de la M9, una de las estaciones de comunicación más grandes del país —un edificio de 13 pisos, en el cual sólo 12 tienen ventanas—, hay tres oficinas importantes.

La primera es la que contiene el llamado MSK-IX, el punto de conexión por el que transita gran parte de las líneas de internet del país. A unos cuantos pisos se encuentra la segunda, la de Google, ubicada ahí para garantizar mayor velocidad en las conexiones de usuarios a su sitio. La tercera se encuentra en el octavo piso de la estructura, y la ocupa la Federalnaya Sluzhba Bezopanosti, o la FSB, la sucesora de la temida KGB, la agencia de seguridad de la Unión Soviética. Más allá de sus oficinas, la FSB tiene presencia en todo el edificio a través de un conjunto de cajas que tienen las siglas SORM escritas en un costado. Systema Operativno-Rozysknikh Meropriatiy (SORM), se traduce más o menos al español como "medidas operativas de búsqueda", un término vago que sirve para encubrir el verdadero propósito de esas cajas: tener acceso irrestricto a todo el internet ruso.[13]

Y es que el control de la información en Rusia —y durante la existencia de la Unión Soviética— no es nada nuevo o sorprendente: Iósif Stalin y el Politburó —el comité que tomaba las decisiones importantes dentro del Partido Comunista— tuvieron la idea de crear una versión falsa de *Pravda*, el diario oficial del Estado (y cuyo nombre, irónicamente, quiere decir "verdad"), para que Vladimir Lenin no se enterara de lo que sucedía en la Unión mientras estaba fuera de ella,[14] hasta la destrucción de la primera fotocopiadora soviética que evitaría que los científicos del país tuvieran acceso a la producción de sus pares en occidente,[15] el Estado ha tenido el control total de la información. Y éstos sólo son un par de ejemplos.

31

Todo pasaba por el partido y el partido pasaba por todo:[16] con eso se garantizaba el control sobre la población. En caso de que la gente, o incluso los funcionarios importantes se salieran de la línea gubernamental, existía (y existe) la práctica del *kompromat*: si no te tragabas la información oficial o consumías información extranjera, o simplemente te querían desacreditar por considerarte un obstáculo para el régimen, el Estado de seguridad total de la Unión Soviética (ampliado posteriormente en Rusia), se encargaba de encontrar o producir material que pudiera dañar tu imagen de manera irreparable.

En el caso de Donald Trump, por ejemplo, un espía británico llegó a afirmar que los rusos tenían videos de Trump en situaciones comprometedoras, aunque Trump lo ha negado de manera tajante. Cualquiera que sea la versión correcta,[17] la de Trump o la del espía, muestra de cuerpo entero al gobierno ruso: Trump se defendió diciendo que las veces que estuvo en Rusia para la celebración del concurso de Miss Universo —marca de la cual es dueño— siempre actuó bajo la suposición de que los rusos tenían intervenida su habitación.

Sus palabras exactas fueron: "Me rodean mis guardaespaldas. Me rodea gente. Y siempre les digo —en cualquier lugar, pero siempre les digo si voy a salir de este país [Estados Unidos]: 'Tengan mucho cuidado, porque en sus cuartos de hotel, y no importa adónde vayan, probablemente haya cámaras'. No me refiero a Rusia, pero sin duda alguna los incluiría en esa categoría".[18]

Trump sabe de lo que habla: la primera invitación oficial que recibió para visitar Rusia fue en 1987, cuando todavía era la Unión Soviética, y su última visita fue en 2013 para el concurso de Miss Universo.[19] En ese tiempo la tecnología mejoró notablemente, al grado de que para 2014, cuando se celebraron los juegos olímpicos de invierno en la ciudad de Sochi, el aparato estatal encargado del SORM y demás dispositivos de espionaje contaba con habilidades nunca antes vistas.

El uso de estos nuevos dispositivos tenía dos fines concretos: el primero, identificar a todas las personas que asistieran al evento. No sólo con datos biométricos, los cuales eran recogidos a través de cámaras en lugares públicos, sino también a través de formularios que hicieron llegar para solicitar visas, para el acceso a internet a nivel local o cualquier otra interacción con el gobierno ruso. Se creó la base de datos más grande que cualquier otra en el mundo, y el gobierno supo con exactitud quién estaba dónde y cuándo en Sochi.

El segundo, aún más específico, era espiar a la prensa local y sobre todo a la internacional: saber qué escribían sobre Sochi y los juegos y con quién hablaban para obtener información; es decir, sus fuentes. Para efectos prácticos, los juegos olímpicos de invierno de 2014 transcurrieron en el mundo distópico de George Orwell: cualquier aparato electrónico podía servir para monitorear a cualquier persona en cualquier momento del día.[20]

Lo que sucedió durante esas semanas no era un secreto para nadie. Un documento del Departamento de Estado de Estados Unidos instruía a sus ciudadanos lo siguiente:

Considere viajar con aparatos electrónicos "limpios" —si usted no necesita el aparato, no lo lleve. En caso contrario, cualquier apa-

33

rato esencial debería tener borrada o "limpia" toda información de identificación personal, así como documentos sensibles. Los aparatos con capacidad de conexión inalámbrica deben tener apagada la modalidad de wi-fi en todo momento. No documente aparatos electrónicos de negocios o personales con sus maletas en el aeropuerto [...] No se conecte a proveedores de internet locales en cafés, cafeterías, hoteles, aeropuertos u otros establecimientos locales [...] Cambie todas sus contraseñas antes y después de su viaje [...] Asegúrese de quitar la batería de su *smartphone* cuando no esté en uso. Existe tecnología comercial que puede geolocalizarlo y activar el micrófono de su teléfono. Dé por entendido que cualquier aparato que lleve consigo puede ser vulnerado [...] Si usted debe utilizar un teléfono durante su viaje, considere un teléfono desechable que utilice una tarjeta SIM que pueda comprar localmente con efectivo. Limpie sus conversaciones sensibles como considere necesario.[21]

Pero ¿qué consecuencia global puede tener el espionaje ruso? ¿En qué afecta que tenga un aparato de seguridad con el que espía lo que sucede *dentro* de su país? En mucho, y esto se debe a una sola persona recurrente en esta narración: Donald Trump.

Trump, cuyo gobierno enfrentó una investigación federal a menos de 100 días de comenzar su periodo, tiene una relación con Rusia que no es difícil de explicar pero que tiene muchas vertientes, las cuales giran en torno a un solo tema: el dinero. A diferencia de lo que "escribe" en su primera autobiografía, *The Art of the Deal* (El arte del negocio),[22] el presidente número 45 de Estados Unidos no es hábil para negociar.

Entre otras cosas, se declaró en bancarrota en seis ocasiones distintas; tres de ellas lo hizo con casinos en Atlantic City, Nueva Jersey, en la época en la que la ciudad atravesaba un *boom* a raíz de la industria de las apuestas.[23]

A través de este tipo de prácticas, de refinanciamientos —en una de las pocas declaraciones de impuestos que se han filtrado, amortizó una pérdida de 916 millones de dólares en 1995 para tener la opción legal de no pagar impuestos durante las siguientes dos décadas—[24] y otros tipos de ingeniería financiera, Trump ha caído de la gracia del sector bancario estadounidense, por lo que ha tenido que buscar fondos para sus construcciones en otros lugares. Entre ellos, por ejemplo, con compañías que están bajo sanciones por hacer negocios con Irán,[25] o bancos rusos que también están en listas negras del gobierno que dirige.

A su yerno y asesor, Jared Kushner, se le acusó de tener pláticas con Sergey Gorkov en diciembre de 2016, durante el periodo de transición presidencial. Gorkov es el dueño del Vnesheconombank, un banco paraestatal que se encuentra en la lista de sanciones de Estados Unidos desde 2014.[26]

Ésa es la parte que se conoce hasta ahora, porque como bien explica *The Wall Street Journal*, el laberinto en el que Trump esconde sus finanzas es casi impenetrable. Así comienza un artículo publicado en diciembre del 2016:

El presidente Trump es dueño de un helicóptero en Escocia. Para ser más precisos, tiene un fideicomiso revocable que es dueño de 99% de una compañía de responsabilidad limitada en Delaware que a su vez es dueña de 99% de otra compañía de responsabilidad limitada en Delaware que es dueña de otra compañía escocesa que es dueña del helicóptero Silkorsky S-76B de 26 años de antigüedad que tiene estampado un logotipo rojo con la palabra "TRUMP" de un lado del fuselaje.[27]

Ese laberinto es tan complejo e involucra a tantos países —entre ellos Rusia—, que cualquier gobierno con interés de chantajearlo puede hacerlo. Por ello, argumentan algunos analistas estadounidenses, es que Trump no hace públicas sus declaraciones de impuestos: por los lugares donde se encuentran sus finanzas.[28]

Dadas estas circunstancias, su vulnerabilidad ante Vladimir Putin es amplia. Así que el presidente ruso, y su gobierno, tienen una gran esfera de influencia sobre Trump. Con sus nuevas armas —un teclado, una computadora y acceso a internet, siempre controlado por el Estado— son capaces de cualquier cosa. De destruir estructuras enteras al revelar correos electrónicos.

Eso por un lado. Por el otro, como veremos a continuación, el hombre que ocupa el que alguna vez fue (pero ya no es) el puesto más poderoso del mundo está altamente predispuesto a la influencia de la televisión y lo que encuentra en internet.

Notas

[1] "Full Transcript and Video: James Comey's Testimony on Capitol Hill", *The New York Times*, 8 de junio de 2017. Disponible en https://www.nytimes.com/2017/06/08/us/politics/senate-hearing-transcript.html. (Fecha de consulta: 11 de junio de 2017.)

[2] Cecilia Kang, "Fake News Onslaught Targets Pizzeria as Nest of Child-Trafficking", *The New York Times*, 21 de noviembre de 2016. Disponible en https://www.nytimes.com/2016/11/21/technology/fact-

check-this-pizzeria-is-not-a-child-trafficking-site.html. (Fecha de consulta: 10 de junio de 2017.)

[3] Aaron Blake, "Here are the latest, most damaging things in the DNC's leaked emails", *The Washington Post*, 22 de julio de 2016. Disponible en https://www.washingtonpost.com/news/the-fix/wp/2016/07/24/here-are-the-latest-most-damaging-things-in-the-dncs-leaked-emails (Fecha de consulta: 10 de junio de 2017.)

[4] La historia de Assange es sumamente compleja y ningún libro o película la han explicado con suficiente profundidad. Quizá la persona que mejor conozca sobre el tema sea Andrew O'Hagan, quien originalmente fue contratado para ser el escritor fantasma de la autobiografía de Assange. Véase "He was an ardent WikiLeaks supporter. Then he got to know Julian Assange", *Vox*, 6 de junio de 2017. Disponible en https://www.vox.com/conversations/2017/6/6/15729360/julian-assange-andrew-ohagan-secret-life. (Fecha de consulta: 10 de junio de 2017.)

[5] Lorenzo Franceschi-Bicchierai, "We Spoke to DNC Hacker 'Guccifer 2.0'", *Motherboard*, 21 de junio de 2016. Disponible en https://motherboard.vice.com/en_us/article/dnc-hacker-guccifer-20-interview. (Fecha de consulta: 10 de junio de 2017.)

[6] Joe Uchil, "New Guccifer 2.0 dump highlights 'wobbly Dems' on Iran deal", *The Hill*, 18 de julio de 2016. Disponible en http://thehill.com/policy/cybersecurity/288119-new-guccifer-20-dump-highlights-wobbly-dems-on-iran-deal. (Fecha de consulta: 10 de junio de 2017.)

[7] Ellen Nakashima, "Russian government hackers penetrated DNC, stole opposition research on Trump", *The Washington Post*, 14 de junio de 2016. Disponible en https://www.washingtonpost.com/world/national-security/russian-government-hackers-penetrated-dnc-stole-opposition-research-on-trump/2016/06/14/cf0 06cb4-316e-11e6-8ff7-7b6c1998b7a0_story.html. (Fecha de consulta: 10 de junio de 2017.)

[8] Luke Harding, "Top Democrat's emails hacked by Russia after aide made typo, investigation finds", *The Guardian*, 14 de diciembre de 2016. Disponible en https://www.theguardian.com/us-news/2016/dec/14/dnc-hillary-clinton-emails-hacked-russia-aide-typo-investiga tion-finds. (Fecha de consulta: 12 de junio de 2017.)

[9] Para una explicación mucho más detallada sobre la infraestructura de espionaje del gobierno ruso, sugiero consultar Andrei Soldatov e Irina Borogan, *The Red Web*, Public Affairs, Nueva York, 2015. El libro funge como fuente principal, mas no exclusiva, de las siguientes páginas.

[10] Michael Riley y Jordan Robertson, "Russian Cyber Hacks on U.S. Electoral System Far Wider Than Previously Known", *Bloomberg*, 13 de junio de 2017. Disponible en https://www.bloomberg.com/politics/articles/2017-06-13/russian-breach-of-39-states-threatens-future-u-s-elections. (Fecha de consulta: 13 de junio de 2017.)

[11] Véase BBC, "Turkey hijacks servers in social media crackdown", 31 de mayo de 2014. Disponible en http://www.bbc.com/news/technology-26818104. (Fecha de consulta: 11 de junio de 2017.)

[12] El coro de la canción original decía "Yo te vi, yo te vi llorando"; el de la alterada "Yo te vi, yo te vi robando". Aunque YouTube obedeció al IFE, fue imposible bajar las decenas de réplicas que se crearon para evitar que el video fuera censurado. Véase Mejía, José, "IFE ordena a YouTube retirar spot de Fidel Herrera", *El Universal*, 12 de mayo de 2009. Disponible en http://archivo.eluniversal.com.mx/notas/597512.html. (Fecha de consulta: 11 de junio de 2017.)

[13] Soldatov, *op. cit*, p. IX.

[14] Robert Service, *Trotsky: a Biography*, Belknap Press, Massachusetts, 2009, p. 300.

[15] Soldatov, *op. cit*, pp. 10-11.

[16] Esto incluso ha llevado a la creación de un término conocido como "revés ruso" en el mundo de la comedia. Un ejemplo: "En México tú ves la televisión; en Rusia la televisión te ve a ti".

[17] Aunque el expediente, publicado por *Buzzfeed News*, no se ha corroborado en su totalidad, varias de las afirmaciones ahí contenidas han resultado ciertas. Para consultar el material, véase Ken Bessinger, Miriam Elder y Mark Schoofs, "These Reports Allege Trump Has Deep Ties To Russia", *Buzzfeed News*, 10 de enero de 2017. Disponible en https://www.buzzfeed.com/kenbensinger/these-reports-allege-trump-has-deep-ties-to-russia. (Fecha de consulta: 12 de junio de 2017.)

[18] James West, "This Is One of the Most Surreal Bits from Donald Trump's Bizarre Press Conference", *Mother Jones*, 11 de enero de 2017. Disponible en http://www.motherjones.com/politics/2017/01/trump-russia-hotel-bugging-um-what-weird. (Fecha de consulta: 12 de junio de 2017.) (Traducción del autor.)

[19] Oren Dorell, "Donald Trump's ties to Russia go back 30 years", *USA Today*, 15 de febrero de 2017. Disponible en https://www.usatoday.com/story/news/world/2017/02/15/donald-trumps-ties-russia-go-back-30-years/97949746. (Fecha de consulta: 13 de junio de 2017.)

[20] Soldatov, *op. cit*, pp. 239-257.
[21] Documento citado por Soldatov, pp. 244-245. (Traducción del autor.)
[22] "Escribe" entre comillas porque el libro lo redactó Tony Schwartz, un ghostwriter o pluma pagada que durante la campaña de 2016 salió a la luz para intentar detener la elección de Trump a la presidencia. Véase Jane Mayer, "Donald Trump's Ghostwriter tells all", *The New Yorker*, 25 de julio de 2016. Disponible en http://www.newyorker.com/maga zine/2016/07/25/donald-trumps-ghostwriter-tells-all. (Fecha de consulta: 13 de junio de 2017.)
[23] Michelle Lee, "Fact Check: Has Trump Declared Bankruptcy Four or Six Times?", *The Washington Post*, 26 de septiembre de 2016. Disponible en https://www.washingtonpost.com/politics/2016/live-updates/general-election/real-time-fact-checking-and-analysis-of-the-first-presi dential-debate/fact-check-has-trump-declared-bankruptcy-four-or-six-times. (Fecha de consulta: 13 de junio de 2017.)
[24] Matt Ford, "The $916 Million Loss Hiding in Trump's Tax Returns", *The Atlantic*, 1 de octubre de 2016. Disponible en https://www.theat lantic.com/politics/archive/2016/10/trump-tax-returns/502574. (Fecha de consulta: 13 de junio de 2017.)
[25] Adam Davidson, "Donald Trump's Worst Deal", *The New Yorker*, 13 de marzo de 2017. Disponible en http://www.newyorker.com/magazi ne/2017/03/13/donald-trumps-worst-deal. (Fecha de consulta: 13 de junio de 2017.)
[26] Alexia Fernandez, "The legal risks of Jared Kushner's meeting with a Russian banker, explained", *Vox*, 31 de mayo de 2017. Disponible en https://www.vox.com/policy-and-politics/2017/5/31/15714202/jared-kushner-russian-banker. (Fecha de consulta: 13 de junio de 2017.)
[27] Jean Eaglesham, Mark Maremont y Lisa Schwartz, "How Donald Trump's Web of LLCs Obscures His Business Interests", *The Wall Street Journal*, 8 de diciembre de 2016. Disponible en https://www.wsj. com/articles/how-donald-trumps-web-of-llcs-obscures-his-business-in terests-1481193002. (Fecha de consulta: 13 de junio de 2017.) (Traducción del autor.)
[28] Matthew Yglesias, "What is Donald Trump hiding in his tax returns?", *Vox*, 14 de marzo de 2017. Disponible en https://www.vox. com/2017/3/14/14930362/what-is-trump-hiding-in-tax-returns. (Fecha de consulta: 13 de junio de 2017.)

2

LOS NUEVOS MEDIOS
DE "INFORMACIÓN"

En 2001 el director estadounidense Richard Linklater escribió una película llamada *Waking Life* (en México se tradujo como *Despertando la vida*). La trama de la película es casi inexistente: un personaje sin nombre participa en distintas discusiones filosóficas que no necesariamente están conectadas entre sí.

Sin embargo, la manera en que fue filmada hizo que varios críticos la incluyeran en sus listas de lo mejor del año. De inicio, todas las conversaciones se grabaron en video digital, y ya que se tenía el material, un grupo de ilustradores utilizó la técnica de rotoscopio para dibujar sobre la cinta. El resultado fue que las conversaciones, reales pero con una capa sobreimpuesta de animación, adquirieron una especie de efecto de sueño lúcido.

Las viñetas variaban en tono y contenido. Linklater entrevistó desde actores de cine (Ethan Hawke y Julie Delpy) hasta químicos orgánicos y profesores de filosofía. De repente, en medio de la película, aparece un tipo en un coche. El hombre, de pelo negro y talante enojado, porta un micrófono conectado a una bocina en el techo de su automóvil. El hombre vocifera lo siguiente:

No sé ustedes, pero a mí me preocupa lo que está sucediendo en el mundo. Me preocupa la estructura. Me preocupan los sistemas de control. Ésos que controlan mi vida y ésos que buscan controlarla ¡todavía más! […] El siglo XXI va a ser un nuevo siglo. No va a ser el siglo de la esclavitud. No va a ser el siglo de las mentiras ni de los temas irrelevantes […] La verdad está ahí frente a ustedes, pero ellos [los políticos] les presentan un bufet de mentiras. Estoy harto y no voy a comer de ahí, ¿me entienden?[1]

Conforme avanza el discurso, y gracias al rotoscopio, el hombre pasa de blanco a rojo en dos minutos. Al final ya es color morado. En los créditos no queda claro si se trata de un personaje o alguien de carne y hueso. Su nombre oficial es "hombre con altavoz", y quien lo interpreta es Alex Jones.

Jones, un texano radicado en Austin desde hace décadas, se hizo famoso a nivel local a mediados de los noventa. Después de graduarse de una escuela técnica local, y sin mayor preparación en medios, aprovechó que la ciudad de Austin contaba con un canal de Public Access Television, o "televisión de acceso público". Este tipo de canales, sin mayor presupuesto y con equipo mínimo, están abiertos para que cualquier persona interesada en el medio pueda utilizarlo. Jones produjo sus primeras transmisiones ahí, hasta que su padre, un dentista que conocía a alguien en una televisora local, consiguió que le dieran un espacio a cambio de patrocinar la estación.[2]

Desde un inicio, Jones presentó teorías de conspiración como hechos. Su favorita era la del "nuevo orden mundial", ese supuesto gobierno totalitario y clandestino que controla a las grandes organizaciones del mundo.[3] Por más raro e imposible que sonara, el tono que ocupaba —enojo, llanto, vehemencia— daba poder a sus palabras. De pronto se convirtió en una estrella local con un programa de radio de buena audiencia. Con la llegada del internet su alcance se multiplicó.

Pasó a la radio en línea y a la producción y distribución de seudodocumentales de bajo presupuesto que se compartían en la red por personas que creían lo mismo que él: todo era una gran cortina de humo. Según Jones, el gobierno estadounidense era responsable del atentado terrorista de Oklahoma, en el que 168 personas perdieron la vida el 19 de abril de 1995.[4] A raíz de los atentados del 11 de septiembre de 2001, utilizó su programa de radio para decir que las Torres Gemelas fueron destruidas por el gobierno de Estados Unidos, ya que era "imposible" que la turbosina de los aviones generara suficiente calor para tirar los rascacielos.[5]

Entre 2006 y 2007 ayudó a producir un "documental" web llamado *Loose Change* (Cambio suelto), en el que se daba juego a ésta y otras teorías sobre los atentados —aquellas que dicen que las explosiones fueron hechas con bombas dentro del edificio—. La película tuvo un costo de 6 000 dólares y llegó a los 10 millones de visitas en una época en la que Youtube apenas se acercaba a lo que es hoy.[6]

Su público se hacía llamar Truther Movement (algo así como "movimiento de quienes buscan la verdad"), y fue el que catapultó a Jones al estrellato de la *conspirología* estadounidense. El éxito de Jones lo radicalizó todavía más: como la gente respondía a sus teorías más extremas e infundadas, mudó en el espectro político hacia la extrema derecha.

43

Entre tantas otras cosas, Jones sostiene que el gobierno estadounidense tiene armas que son capaces de crear tornados. Sin duda alguna, su teoría de conspiración más grande —y por mucho la más cruel— es que la masacre de Sandy Hook, en la que una persona asesinó a 20 niños de entre seis y siete años el 14 de diciembre de 2012, fue "una farsa". Según Jones, los niños eran actores que contrató el gobierno de Estados Unidos para crear un atentado falso con el fin de prohibir el uso de armas.[7]

Hasta ese entonces, Jones era limitado a ese espectro de audiencia. A nivel nacional poca gente lo tomaba en serio y jamás le daban espacio para compartir sus puntos de vista. Su sitio de internet *Infowars* ("guerra de información") tenía un tráfico aceptable sin competir con los números de los medios de comunicación tradicionales. Su trabajo era parte un nicho.

Luego vino el fenómeno Donald Trump.

La *comentocracia* estadounidense no se divide como tal en el eje derecha-izquierda, sino en una versión parecida mas no igual: conservador-liberal. A pesar de ello, este eje no es del todo estricto. En el caso de Andrew Breitbart, por ejemplo, había conservadurismo en muchos aspectos, pero liberalismo en otros. Breitbart, en un inicio socio de Arianna Huffington, con quien creó *The Huffington Post*, uno de los primeros sitios de noticias exclusivamente en línea, transitó por varios medios de internet —entre ellos *The Drudge Report*, la antítesis de *The Huffington Post*— hasta que decidió crear su propia página, a la que nombró como su apellido: *Breitbart*.

Desde su fundación en 2007 hasta la muerte de Breitbart en 2012, por un infarto a los 43 años, el sitio era algo distinto al resto de los agregadores —sitios que replican contenido sin añadir nada nuevo— y blogs de la época. No se trataba simplemente de reunir noticias publicadas ni escribir opiniones controvertidas para generar tráfico: *Breitbart* publicaba cosas que no se podían leer o encontrar en otros lados, en parte por ser noticias sobre temas que ocurrían dentro del propio internet, y en parte porque lo que un periodista llamaría "interés noticioso" no estaba del todo ahí.[8]

El éxito más importante de *Breitbart* durante la vida de su fundador fue la viralización de una foto que se tomó a sí mismo —lo que hoy se conoce como *selfie*— Anthony Weiner, legislador casado que representaba a Nueva York en el Congreso federal, en 2011.

Weiner tenía la intención de mandar un mensaje privado a través de Twitter a una seguidora, y por accidente hizo pública una foto de sus genitales. *Breitbart* se encargó de difundirla durante los días siguientes, así como de encontrar a otras mujeres que también recibieron fotografías de Weiner o mensajes sugerentes a través de sus redes sociales.

Weiner terminó por renunciar a su escaño y de paso se disculpó con Andrew Breitbart, a quien, desesperado por la publicación de la nota, acusó de hackear su cuenta de Twitter para hacerlo caer en desgracia.[9]

(Weiner, un personaje tóxico, resurgió años más tarde, y por un momento se pensó que podría ser gobernador de Nueva York. Sin embargo, un nuevo escándalo lo derribó. Por tercera ocasión generó un escándalo nacional que, algunos argumentan, le costó la presidencia a Hillary Clinton[10]).

Después de la muerte de Breitbart, el sitio aceleró su transición hacia la derecha radical. En su lugar quedó Steve Bannon, un exbanquero de Goldman Sachs y exproductor de películas en Hollywood cuya mayor obsesión eran los daños que la globalización y los grandes bancos causaban a su país y gente: los estadounidenses blancos de clase baja.[11]

Bajo el liderazgo de Bannon, *Breitbart* dejó atrás las notas tipo Weiner —sensacionalistas pero comprobables—[12] y las sustituyó por otras que se basaban en estudios desacreditados, rumores sin confirmar o fuentes anónimas, todas envueltas en un estilo narrativo que despotricaba contra lo que se percibiera como antiestadounidense: la religión musulmana, los mexicanos, la cultura afroamericana y cualquier influencia extranjera en general. Como bien recuerda Juan Pablo García Moreno, Andrew Breitbart llegó a referirse a Bannon como "el Leni Riefenstahl del movimiento del Tea Party".[13]

Al igual que *Infowars*, *Breitbart* tenía un público muy peculiar. En *Infowars* estaba la conspiración desatada. Los que creían que el gobierno le pone flúor al agua para volver a la población gay, por ejemplo.[14] En *Breitbart* había un público similar mas no igual: ahí la gente pensaba en otro tipo de conspiraciones y tenía otro tipo de quejas. En 2016, por ejemplo, el encabezado de un artículo decía: "¿Preferirías que tu hijo tuviera feminismo o cáncer?"

Ambos universos se entrelazaron a partir de 2015, cuando Donald Trump decidió ser candidato a la presidencia de Estados Unidos.

"Tienes una reputación asombrosa. No te defraudaré." Esto le dijo Donald Trump, de manera textual, a Alex Jones el 2 de diciembre de 2015, cuando éste lo entrevistó para su programa en *Infowars*.[15] Entre sus invitados, Jones nunca tuvo un personaje conocido más allá de su círculo de conspirólogos. El 2 de diciembre se enlazó vía videollamada con el precandidato que lideraba las encuestas de uno de los dos partidos nacionales. Quien no conociera a Jones o *Infowars* a partir de ese momento lo haría.

Trump se mantuvo en contacto con Jones durante la campaña, y el locutor llegó a repetir en varios programas que hablaba por teléfono con Trump candidato y más tarde con Trump presidente. Según Jones, Trump era quien lo buscaba a él para asesorarlo sobre cómo manejar el país.[16]

Por el otro lado de la conspiración, después de echar a sus dos primeros jefes de campaña, Corey Lewandowski y Paul Manafort, Donald Trump se acercó a Steve Bannon para pedirle que estuviera al frente en el trecho final rumbo a la elección. Aunque Trump prometió construir un muro fronterizo con México y que haría lo posible para evitar el ingreso de musulmanes a Estados Unidos, hasta la llegada de Bannon sólo eran dichos. Bannon fue el encargado de poner en marcha las acciones y se le considera el responsable del famoso *muslim ban*, o la prohibición impuesta por el gobierno de Estados Unidos a la entrada de personas que visitaran cualquiera de siete países en Medio Oriente.[17]

Bannon dejó la Casa Blanca menos de un año después de iniciar su trabajo, y el mismo día de su salida —que *Breitbart* reportó como renuncia, mientras que *The New York Times* la reportó como despido— estaba de regreso en la redacción del medio. Para sorpresa de muchos, contrario a atacar a Trump con todo, *Breitbart* y Bannon mantuvieron su apoyo al presidente de Estados Unidos.[18]

Vale la pena resaltar un punto: desde que a estos medios se les relaciona con Trump, *Breitbart* e *Infowars* tienen un nivel de influencia jamás visto —según ciertas estimaciones, *Breitbart* llegó a ser uno de los 30 sitios más visitados en Estados Unidos durante los primeros días de la administración actual. Al día de hoy es el 60, y el 300 en *todo el mundo*—[19] y esta influencia ocurre en dos niveles.

El primero se encuentra, tal cual, en la cabeza de Donald Trump, el responsable de tomar decisiones como líder de Estados Unidos. El segundo está, como consecuencia del primero, en la sociedad en general. No se trata de gente que desea conocer qué lee su presidente —o el de otro país; es muy factible que en distintos gobiernos lean *Breitbart* o *Infowars* para entender el razonamiento de la Casa Blanca— sino gente que ahora reconoce que no es mal visto creer en teorías de conspiración. Al contrario, el propio gobierno apoya abiertamente la información de estos sitios.

Un par de ejemplos son notables. Por una parte, *Breitbart* e *Infowars* cuentan con acreditaciones de prensa a las conferencias del vocero de la Casa Blanca. *Infowars* sólo ha recibido acreditaciones temporales y no permanentes, pero gracias al apoyo de la administración Trump, Jerome Corsi, corresponsal del sitio en Washington, pudo asistir a una conferencia de prensa hace unos meses.[20]

Por otra, el presidente mismo se encarga de difundir lo que publican estos sitios.[21] En cuanto a la gente que trabaja dentro de su administración, varios son vulnerables a propagar datos incorrectos e incluso mentiras, como Scott Pruitt, quien es el jefe de la Environmental Protection Agency (EPA, Agencia de Protección Ambiental). Pruitt, en una de sus primeras apariciones públicas, afirmó que no hay una conclusión definitiva de que la actividad humana tenga consecuencias sobre el cambio climático, algo que contradice a casi todos los expertos en el tema y la propia investigación de la agencia que dirige.[22]

Meses más tarde, durante el azote del huracán *Harvey* a la ciudad de Houston, la EPA incluso tuvo un percance con la Associated Press (AP), la agencia de noticias decana de Estados Unidos. En un comunicado sobre su cobertura, la tachó de ser "engañosa" por resaltar con pruebas, que la EPA no estaba haciendo su trabajo correctamente. El comunicado, sin firma, declaraba que el texto de la AP estaba escrito desde la "comodidad" de Washington y no reporteado en Houston —cosa que era falsa— y, más importante aún, citaba una nota de *Breitbart* para desmentir a la agencia.[23]

Es indudable que todos los gobiernos mienten en mayor o menor medida, pero en Estados Unidos los ciudadanos estaban acostumbrados a que las agencias especializadas, por ejemplo la EPA, o el Bureau of Labor Statistics (BLS, Oficina de Estadísticas Laborales) emitieran datos confiables. Con la llegada de Trump los números y datos perdieron la certeza que los caracterizaba, y cada vez más se cuestionan incluso los datos que antes eran tomados como certeza.[24]

Para ello, Kellyanne Conway, quien entró a dirigir la campaña de Trump en su último trecho junto con Steve Bannon, utilizó al principio de la presidencia una frase que definió la nueva postura. *Alternative facts*, o datos alternativos, fue su respuesta cuando el vocero de la presidencia fue sorprendido al declarar una mentira.

El ejercicio se ha vuelto sencillo. No sólo el gobierno apoya la difusión de mentiras y datos falsos, sino que el internet y las redes sociales han sido muy bien utilizados por gente cuyo negocio es la desinformación: la idea es "crear contenido" —la distinción lingüística es interesante: contenido implica la descripción de un producto, no una *noticia*— y conseguir que éste se disperse lo más que se pueda. Mientras más gente lo lea, mientras más se comparta, más dinero generará quien lo creó.

Lo de menos es que rebaje el discurso y contribuya a una sociedad más confundida.

Notas

1 La viñeta está disponible en YouTube con el título "Alex Jones from Waking Life". (Traducción del autor.)
2 Charlie Warzel, "Alex Jones Will Never Stop Being Alex Jones", *Buzzfeed*, 3 de mayo de 2017. Disponible en https://www.buzzfeed.com/charliewarzel/alex-jones-will-never-stop-being-alex-jones. (Fecha de consulta: 14 de junio de 2017.)
3 Citar una fuente para esta teoría sería el colmo de lo irónico.
4 Alexander Zaitchik, "Meet Alex Jones", *Rolling Stone*, 2 de marzo de 2011. Disponible en http://www.rollingstone.com/politics/news/talk-radios-alex-jones-the-most-paranoid-man-in-america. (Fecha de consulta: 14 de junio de 2017.)
5 Jeremy Stahl, "Where Did 9/11 Conspiracies Come From?", *Slate*, 6 de septiembre de 2011. Disponible en http://www.slate.com/articles/news_and_politics/trutherism/2011/09/where_did_911_conspiracies_come_from.html. (Fecha de consulta: 14 de junio de 2017.)
6 Nancy Jo Sales, "Click Here for Conspiracy", *Vanity Fair*, agosto de 2006. Disponible en http://www.vanityfair.com/news/2006/08/loosechange200608. (Fecha de consulta: 14 de junio de 2017.)

[7] Veit Medick, "Meet Donald Trump's Propagandist", *Spiegel Online*, 28 de febrero de 2017. Disponible en http://www.spiegel.de/international/world/a-visit-to-the-infowars-studios-of-alex-jones-a-1136654.html. (Fecha de consulta: 14 de junio de 2017.)

[8] Nick Gillespie, "How Andrew Breitbart Changed the News", CNN, 2 de marzo de 2012. Disponible en http://edition.cnn.com/2012/03/01/opinion/gillespie-breitbart/index.html. (Fecha de consulta: 14 de junio de 2017.)

[9] Keach Hagey, "Weiner: 'I apologize to Andrew Breitbart'", *Politico*, 6 de junio de 2011. Disponible en http://www.politico.com/blogs/onmedia/0611/Weiner_I_apologize_to_Andrew_Breitbart.html. (Fecha de consulta: 14 de junio de 2017.)

[10] Huma Abedin, hoy ex esposa de Weiner, lo conoció a través de Clinton a finales de la década pasada. Durante la campaña presidencial de Clinton, Abedin seguía casada con Weiner a pesar de los múltiples escándalos, hasta que surgió la gota que derramó el vaso: Weiner envió una foto de su cuerpo con contenido sexual a una menor de edad, y lo hizo mientras su hijo estaba dormido a su lado. La fotografía hizo que se reabriera una investigación contra Weiner. El problema no terminó ahí: mientras las autoridades investigaban la computadora del ex legislador, encontraron correos confidenciales de Hillary Clinton, por lo que se reabrió la investigación contra de Clinton por su falta de cuidado en el manejo de información clasificada mientras fue secretaria de Estado. La adicción sexual de Weiner influyó en el destino del mundo, por increíble que parezca.

[11] Recomiendo leer a Juan Pablo García Moreno con el perfil más completo sobre el enigma que es Steve Bannon. Véase "Bannon, el estratega del Apocalipsis", *Nexos*, 1 de marzo de 2017. Disponible en http://www.nexos.com.mx/?p=31571. (Fecha de consulta: 14 de junio de 2017.)

[12] Bannon también participó en la caída de Weiner. Fue el de la idea de monitorear su cuenta de Twitter para esperar que cometiera un error como eventualmente sucedió. *Ibid.*

[13] *Ibid.*

[14] La tienda de *Infowars*, su principal motor económico, vende, entre otras cosas, un filtro para remover el flúor del agua.

[15] Bradner, Eric, "Trump praises 9/11 truther's 'amazing' reputation", CNN, 2 de diciembre de 2015. Disponible en http://edition.cnn.com/2015/12/02/politics/donald-trump-praises-9-11-truther-alex-jones/index.html. (Fecha de consulta: 15 de junio de 2015.)

[16] Aunque como con todo lo que dice Jones, hay que poner en duda la veracidad de sus dichos. Véase Maya Oppenheim, "Donald Trump still calls Alex Jones for advice, claims the InfoWars founder and far right conspiracy theorist", *The Independent*, 23 de febrero de 2017. Disponible en http://www.independent.co.uk/news/world/americas/donald-trump-alex-jones-calls-phone-advice-infowars-conspiracy-theorist-far-right-sandy-hook-a7595136.html. (Fecha de consulta: 15 de junio de 2017.)

[17] Véase Helena Horton, "Steve Bannon's secret planning whiteboard accidentally revealed", *The Telegraph*, 3 de mayo de 2017. Disponible en http://www.telegraph.co.uk/news/2017/05/03/steve-bannons-secret-war-room-whiteboard-accidentally-revealed. (Fecha de consulta: 15 de junio de 2017.)

[18] En la nota de *Breitbart* sobre el regreso de Bannon, el sitio se refirió a él como el "héroe populista que regresa a casa". Breitbart News, "'Populist Hero' Steve Bannon Returns Home to Breitbart", *Breitbart*, 18 de agosto de 2017. Disponible en http://www.breitbart.com/big-journalism/2017/08/18/populist-hero-stephen-k-bannon-returns-home-breitbart. (Fecha de consulta, 4 de septiembre de 2017.)

[19] Esto según datos de Alexa, una compañía de Amazon que estima las visitas que reciben los sitios de internet.

[20] Corsi no hizo ninguna pregunta, pero en todas las transmisiones que hizo desde la Casa Blanca se la pasó hablando de una teoría de conspiración sobre Seth Rich, un caso que se analizará más adelante en este libro.

[21] En un análisis de sus tuits, *Buzzfeed* encontró que la mayoría de las ligas que compartía Trump antes de ser presidente provenían de *Breitbart*. Véase Charlie Warzel, y Lam Thuy Vo, "Here's Where Donald Trump Gets His News", *Buzzfeed*, 3 de diciembre de 2016. Disponible en https://www.buzzfeed.com/charliewarzel/trumps-information-universe. (Fecha de consulta: 16 de junio de 2017.)

[22] Chris Mooney y Brady Dennis, "On climate change, Scott Pruitt causes an uproar—and contradicts the EPA's own website", *The Washington Post*, 9 de marzo de 2017. Disponible en https://www.washingtonpost.com/news/energy-environment/wp/2017/03/09/on-climate-change-scott-pruitt-contradicts-the-epas-own-website/?utm_term=.3041c0498e6b. (Fecha de consulta: 16 de junio de 2017.)

[23] EPA, "EPA Response to The AP's Misleading Story", 3 de septiembre de 2017. Disponible en https://www.epa.gov/newsreleases/epa-response-aps-misleading-story. (Fecha de consulta: 4 de septiembre de 2017.)

[24] El video puede verse en "Kellyanne Conway denies Trump press secretary lied: 'He offered alternative facts'", *The Guardian*, 22 de enero de 2017. Disponible en https://www.theguardian.com/us-news/video/2017/jan/22/kellyanne-conway-trump-press-secretary-alternative-facts-video. (Fecha de consulta: 16 de junio de 2017.)

3

BASURA HECHA A LA MEDIDA

La estadística dice que quien esté leyendo este libro con casi toda certeza tiene una cuenta en Facebook. Según los números más recientes de la compañía IAB México (Interactive Advertising Bureau, Oficina de Publicidad Interactiva), 97% de los mexicanos conectados a internet (57.4% de la población nacional, de acuerdo con el Instituto Nacional de Estadística y Geografía, INEGI)[1] posee una cuenta en esa red social.[2]

Si uno entra a Facebook, lo más probable es que encuentre comentarios o notas políticas. Eso si el comentario aparece, pues Facebook tiene la opción de censurar usuarios sin que se den cuenta. Lo más probable, según los estudios más recientes, es que el comentario o nota que uno lea en su *timeline* sea uno alineado con la postura política del usuario.[3]

Este fenómeno se conoce como *echo chamber*, o "cámara de eco", y, palabras más, palabras menos, se refiere a que las creencias del usuario se amplifican cuando cierra su red: por ejemplo, si yo tengo amigos que opinan lo contrario a mí, tenderé a ignorarlos o alejarme de ellos porque sus puntos de vista no concuerdan con los míos, y su lugar lo ocuparán personas cuyas ideas congenien conmigo.

Durante la elección presidencial de 2016 en Estados Unidos, este fenómeno se vivió como nunca antes. No sólo la relación de las personas con sus conocidos determinó el *timeline* del usuario, sino que lo hizo también la relación de los usuarios con los medios de comunicación: en Facebook el usuario puede elegir de quién obtiene sus noticias. El usuario no va a ellas: ellas vienen a uno. Es por eso que los medios invierten tanto dinero en esa red, pues determinan el camino al "consumidor del producto".[4]

Se entiende que el usuario se rodea por cosas y personas que reafirman sus creencias e ignora aquellos que sostienen algo distinto. Hasta ahí todo es común. El usuario prefiere ignorar las discusiones políticas, y si las tiene, la mayoría de las veces sólo consigue estresarse más sin aprender del otro.[5]

El problema se amplifica cuando el usuario, con tal de confirmar lo que opina —*confirmation bias*, o sesgo de confirmación— utiliza fuentes dudosas. Dentro del sesgo de confirmación la gente está dispuesta a creer lo que lee, así se encuentre en un sitio desconocido o un lugar que no es confiable.[6] Ese contenido se replica y comienza la avalancha de desinformación: pasa de unos cuantos a varios miles, y más tarde es imposible de contener. Todo con un objetivo político, que muchas veces va contra los hechos y la verdad.[7]

El fenómeno no sólo sucede con los seguidores de Trump, quienes, a primera vista, parecerían ser los principales contribuyentes a replicar información falsa.[8] También ocurre con personas como Laurence Tribe, un experto en derecho constitucional, de filiación política liberal, que se desempeña como profesor de carrera en Harvard desde 1968, y cuya trayectoria laboral es impresionante: ingresó a esta universidad a los 16 años y se graduó con mención honorífica de matemáticas. A los 30 años ya era profesor de tiempo completo en la escuela de derecho.[9]

Tribe, quien litigó casos frente a la Corte Suprema de Estados Unidos, es uno de los principales responsables de viralizar *fake news* respecto a Donald Trump, y lo hace a través de su cuenta de Twitter, con más de 150 000 seguidores.

Lo más curioso es que Tribe sabe que en un plano ético lo que hace está mal. Por eso, como buen abogado, en lugar de compartir de manera directa un rumor o una teoría de conspiración, lo hace con la frase Big if true ("Importante de ser cierto") u otras similares; divulga a pesar de que reconoce que el contenido no está verificado. Su intención es hacer voltear a gente contra Trump, a pesar de que el resultado sea contraproducente.[10]

Esto del lado de quien comparte, porque quien genera el contenido tiene un interés distinto, al menos en la elección estadounidense. No se trata de influir, sino de hacer dinero.

Tal es el caso de la marabunta de sitios que proliferó durante 2016. La mayoría de ellos fueron creados en un lugar con nulo interés político en la elección de Donald Trump: Macedonia.

La ciudad de Veles, cuya población no rebasa los 45 000 habitantes, se encuentra a 55 kilómetros al sur de la capital de Macedonia, Skopie, y a 200 kilómetros al norte de Salónica, el principal puerto y segunda ciudad en importancia de Grecia. Su página en Wikipedia es pequeña: dice que fue parte del Imperio Otomano y se volvió ciudad cuando la Guerra de los Balcanes concluyó. Lo interesante se encuentra bajo la sección "Ciudad moderna", que tiene unas cuantas líneas. La primera dice: "En Macedonia

Veles es conocido como un centro industrial, y en tiempos más recientes como líder en la implementación de tecnologías de la información".[11]

Y es que en Veles llegaron a operar más de 140 sitios dedicados en exclusiva a la política de Estados Unidos, un país a casi 10 000 kilómetros de distancia. La mayoría de ellos los manejaban adolescentes sin interés político ni conocimiento de los rudimentos del idioma, y cuyo único objetivo era generar clics en sus sitios. Durante la parte final de las campañas, un sitio macedonio promediaba un millón de visitas mensuales.[12]

Según uno de los adolescentes entrevistados para el reportaje de *Buzzfeed* que destapó a Veles como la fuente de basura, "abrí el sitio como manera fácil de hacer dinero. En Macedonia la economía es muy débil y los adolescentes no podemos trabajar, así que necesitamos encontrar maneras creativas para ganar dinero. Soy músico pero no tengo dinero para comprar instrumentos. Aquí en Macedonia el ingreso de un sitio pequeño es suficiente para poder comprar varias cosas".[13]

La mecánica es sencilla: el creador del sitio sube una nota falsa o descontextualiza información. Luego la sube a Facebook, ya sea a través de anuncios dirigidos a un público en específico o a grupos políticos con miles de personas que consumen su contenido. Esas personas lo leen —se limitan al encabezado— y lo comparten. En cuestión de horas el sitio y la nota tienen miles de visitas.

Las notas son particularmente vagas en sus fuentes. Atribuyen el contenido a "expertos" o a "estudios" sin declarar quiénes son o el lugar de su publicación. En general están mal escritas —fueron redactadas por adolescentes macedonios—. Gracias al sesgo de confirmación y las cámaras de eco, el cerebro humano bloquea estos hechos.[14] En un par de horas la noticia recorre todas las esquinas del internet estadounidense.

Es ahí donde los sitios hacen dinero: las primeras maniobras que hacen sus dueños es contratar un servicio de anuncios con Google, llamado AdSense. AdSense es un software con anuncios aleatorios que se despliegan cuando el usuario abre una página y se relacionan con el historial de la persona que visita el lugar. Por ejemplo, si el lector visitó Amazon para buscar un libro y da clic en una de sus notas, el libro aparecerá anunciado en una o varias ventanas. Por sólo aparecer, Amazon, a través de Google, y Google mismo, pagan fracciones de centavo al dueño del sitio. Si el lector da clic pagan un poco más.

Si esta estrategia se repite un número determinado el contenido se viraliza y el dueño recibirá más ganancia. Con sólo programar el sitio y redactar una "nota", en pocos minutos se puede ganar dinero para comprar una guitarra eléctrica en Macedonia.[15]

En México este fenómeno sucede con habitualidad en encuestas falsas durante periodos electorales, aunque en tiempos recientes su campo se ha ampliado.

Un ejemplo de hace unos años tiene a Pedro Ferriz de Con como protagonista. El entonces comunicador y después fallido precandidato independiente a la presidencia de México difundió en redes una "encuesta" que no era más que una imagen de Photoshop con el logotipo del periódico *The New York Times*. La supuesta encuesta desestimaba toda tendencia electoral en 2012 —cuando Enrique Peña Nieto ganó las elecciones— y daba a Josefina Vázquez Mota —que terminó en un lejano tercer lugar— el primer lugar en intención de voto.[16] El propio jefe de Corresponsalía del periódico en México, Randy Archibold, corrigió a Ferriz y le comentó que la encuesta era falsa. Afirmó que *The New York Times* no levantaba sondeos en México.[17] Ferriz lo ignoró y replicó la desinformación. El mismo individuo después quiso competir para gobernar el país.

En 2018 el modelo es distinto, aunque lo mismo sucede con notas vinculadas a la política. Pero, a diferencia de lo que vimos en Estados Unidos, en México el negocio se entrelaza con clientes políticos. En la política estadounidense la gente se aprovecha del sistema para ganar dinero gracias a gente crédula. En nuestro país el financiamiento es diferente: las personas detrás de las notas virales no ganan dinero de las visitas al sitio, sino de quien los contrata para generar el contenido.

El caso más conocido, y quizá el más exitoso —en este tipo de negocios es difícil comprobarlo— es el de *Argumento Político*. El sitio, que suena de manera vaga a Animal Político, conocido portal de periodismo de investigación, entremezcla refritos de noticias verdaderas —al momento de escribir, hay en portada textos que corresponden a la realidad, pero hay otros como "Científicos suizos analizan PREP y otorgan triunfo a Delfina Gómez".[18]

Esta última nota es un buen ejemplo para explicar cómo funcionan sitios como *Argumento Político*.

Lo primero que llega a la vista es el encabezado: se utiliza el nombre "Delfina Gómez" y la sigla "PREP" (Programa de Resultados Electorales Preliminares), el primer conteo que hacen los institutos electorales antes de hacer el cómputo oficial que determina al ganador de una elección. En junio de 2017, tras la reñida elección en el Estado de México, mucha gente discutió en redes sobre la probabilidad de "fraude" en el conteo preliminar de votos.[19] El argumento era que si uno sumaba los votos en Excel el resultado no era el mismo.[20] Si uno introduce estos dos términos ("Delfina Gómez" y "PREP") al buscador, lo más probable es que dé con esta nota en poco tiempo.

(El portal *Sin Embargo* hizo algo similar. Sin dar nombres de quiénes hicieron las cuentas, informó que el PREP era erróneo y lo podía confirmar. La nota sin sustento tuvo más de 15 000 "me gusta" en Facebook.)

La cabeza tiene un término más: "científicos suizos", pero no comparte la universidad o institución que lo sustenta o comenta la razón de que Suiza analice el PREP. Pero el aire de autoridad lo tiene: son científicos y son suizos. No pueden equivocarse.

El texto de la nota tiene errores de redacción. Separar los miles y cientos con apóstrofos, algo que no se hace en México. Menciona a un tal "Timo Schmid", cuyo nombre suena vagamente suizo, pero no dice quién es o qué hace. A él se le atribuye una frase contundente: "El modelo de resultados propuesto por el PREP no es lógico".

Más adelante en la nota se incluye una gráfica que apoya el "argumento" de Schmid. El análisis tiene líneas, ejes y números, todos en distintos colores. Pero no dice cuál es su fuente ni explica su significado. Mucho menos comparte quién la elaboró. En negritas, hasta el final, se afirma: "Por lo tanto ganó Morena".

El portal incluye varias páginas de Facebook para que el lector dé "me gusta". La primera es "Carmen Aristegui presidente"; claramente no asociada con la periodista. La segunda es

"Renuncia Enrique Peña Nieto". Y la tercera "Dale *me gusta* si estás en contra de Televisa".

Según el contador de Facebook, la nota sobre Delfina Gómez contribuyó a que al menos 510 000 personas dieran su *pulgar* en Facebook al sitio de *Argumento Político*. Poco más de medio millón de personas.

De acuerdo con un reportaje de *Univisión Noticias*, estos "me gusta" llegan a través de publicidad dentro de las redes sociales.[21] Por 3 000 pesos, por ejemplo, se puede posicionar una nota en Facebook entre un grupo muy específico de lectores: hombres, mujeres, grupos de cierta edad con un grado determinado de escolaridad, en una región particular y con ciertos gustos marcados en otros rubros (deportes o música, por ejemplo).

Argumento Político es uno de muchos. Su competencia es *Guruchuirer*, que originalmente se llamaba "Guirichuirer" y simulaba ser la cuenta de Twitter de Andrés Bustamante, un comediante conocido como *el Güiri Güiri*. Hoy *Guruchuirer* tiene una palomita azul en Twitter, lo cual quiere decir que es una cuenta verificada u oficial y le da cierto aire de autoridad frente a los lectores. A la cuenta más reciente, *Guruchuirer* tiene más de 64 000 seguidores en Twitter, y se define como "el medio de comunicación ciudadano que dice todo lo que los demás no quieren decir". Eso que los demás no quieren decir, al igual que en el caso de *Argumento Político*, no tiene ni fuente ni autor.

Por ejemplo, la nota "*Los Simpson* tienen escalofriante predicción para México en este 2018".[22] Sin firma ni fuente —sólo hay una mención a "un importante periódico norteamericano"—, el artículo muestra un dibujo alterado de la caricatura en el que sale Andrés Manuel López Obrador con la banda presidencial.

La nota atrae desde la cabeza: menciona el programa porque en varios casos han predicho la realidad con certeza.[23] Se hace referencia al México de 2018, año electoral presidencial, lo que atrae al público. Y, por último, utiliza la palabra "escalofriante".

Para entender el alcance de esta nota, es necesario leer los comentarios que genera. El que tiene más aceptación en Facebook ronda los 900 "me gusta". Según el contador del propio sitio —cuyas métricas no son públicas—, más de un millón de personas consultaron el sitio y casi 50 000 lo compartieron.

Como sucede con *Argumento Político*, no hay manera de comprobar sus números.

Ahora bien, una cosa es que existan estas notas y que conocidos las compartan. Otra completamente distinta es que pasen de las personas dispuestas a tragarse el cuento y se ubiquen en otros lugares, como en televisión u otros medios que gozan de mayor credibilidad. Y que, a raíz de ahí, lleguen a los oídos de las personas cuyas decisiones tienen poder de decisión.

En este nuevo mundo esa maniobra es relativamente sencilla y rápida. Veamos un ejemplo que involucra a *Reddit*, Donald Trump y su cuenta de Twitter.

En marzo de 2017, cuando se hizo público que diversos funcionarios y asesores de Donald Trump mantuvieron en secreto tener contacto con contrapartes rusas —incluso espías— antes de acceder a sus puestos, el Partido Demócrata ejerció presión para investigar los hechos. Entre otras cosas, difundió diversas fotografías de gente de Trump en reuniones con rusos; esas mismas reuniones que olvidaron mencionar o afirmaron nunca se llevaron a cabo.

No pasaron 20 horas y Donald Trump subió la imagen de Chuck Schumer, líder de los Demócratas en el senado, con Vladimir Putin. La foto, tomada 13 años antes, apareció en Reddit, un foro público que se define como "la primera plana del internet", y donde cualquier persona puede abrir una cuenta y subir lo que desee.[24] La misma imagen fue replicada por sitios de conspiración como *The Daily Caller* e *Infowars*, para llegar a los ojos del director de redes sociales de la Casa Blanca, Dan Scavino. Scavino compartió la foto a Trump, quien la tuiteó desde su cuenta personal. El tuit de Trump, al 21 de junio de 2017, fue compartido 54700 veces y recibió 150584 "me gusta".[25] Ese mismo día los sitios retomaron la nota que Trump compartió con la foto que ellos mismos descubrieron en Reddit.[26]

A fin de cuentas, la foto no demostraba nada más que Putin y Schumer coincidieron en un evento; sin embargo, para *Infowars* y demás era prueba irrefutable de que los Demócratas estaban impedidos de señalar una colusión entre Trump y Rusia porque ellos en algún momento participaron en algo similar.[27]

La historia anterior no es sino una de tantas *fake news*. Las redes hacen que sea relativamente sencillo confundir a la gente, al grado de que incluso existen sitios que permiten al usuario crear sus propias noticias falsas, cuyas consecuencias pueden llegar a ser graves.

Así sucedió con Karri Twist, un restaurante indio en Londres. A través de un sitio falso llamado *Channel23News*, cualquier persona puede inventar una noticia falsa, darle un formato similar al de un noticiero o plataforma y compartirlo en redes sociales. El restaurante, abierto desde 1957, perdió más de la mitad de sus clientes a causa de una nota que los acusaba de vender carne humana en sus platos. Al menos otros seis restaurantes de comida india fueron víctimas de este sitio, que está asociado a una red con otras 30 plataformas para crear noticias falsas.[28]

"Una mentira contada una vez permanece como mentira, pero una mentira contada mil veces se vuelve verdad." La ironía es necesaria en este caso. Esta famosa cita se le atribuye a Joseph Goebbels, ministro de propaganda de la Alemania Nazi, pero el político jamás la pronunció. Justo por lo poderosa que puede ser una mentira, hoy el dominio popular la asocia con Goebbels.

Las mentiras siempre han existido, pero ahora para repetirlas sólo es necesario dar un clic.

Notas

[1] INEGI, "Estadísticas a propósito del día internacional del internet", 13 de mayo de 2016. Disponible en http://www.inegi.org.mx/saladepren sa/aproposito/2016/internet2016_0.pdf. (Fecha de consulta: 19 de junio de 2017.)

[2] IAB, "Estudio de consumo de medios y dispositivos entre internautas mexicanos", 14 de marzo de 2016. Disponible en http://www.iabmexi co.com/wp-content/uploads/2016/03/IABMx-ECMyD2016.pdf. (Fecha de consulta: 19 de junio de 2017.)

[3] Yascha Mounk, "Enemy of the status quo", *Slate*, 17 de febrero de 2017. Disponible en http://www.slate.com/articles/news_and_politics/ the_good_fight/2017/02/social_media_isn_t_bad_or_good_it_favors_ outsiders_regardless_of_their_aims.html. (Fecha de consulta: 19 de junio de 2017.)

[4] Véase el gran trabajo que *The Wall Street Journal* hizo con un análisis riguroso sobre lo que la gente ve en sus redes a partir de las posiciones políticas que declara. "Blue Feed, Red Feed", *The Wall Street Journal*, 18 de mayo de 2016. Disponible en http://graphics.wsj.com/blue-feed-red-feed. (Fecha de consulta: 19 de junio de 2017.)

[5] Maeve Duggan y Aaron Smith, "The Political Environment on Social Media", *Pew Research Center*, 26 de octubre de 2016. Disponible en

http://www.pewinternet.org/2016/10/25/the-political-environment-on-social-media. (Fecha de consulta: 19 de junio de 2017.)

6 David Braucher, "Fake News: Why We Fall for It", *Psychology Today*, 28 de diciembre de 2016. Disponible en https://www.psychologyto day.com/blog/contemporary-psychoanalysis-in-action/201612/fake-news-why-we-fall-it. (Fecha de consulta: 19 de junio de 2017.)

7 Masha Gessen, "Don't Fight Their Lies with Lies of Your Own", *The New York Times*, 25 de marzo de 2017. Disponible en https://www.nytimes.com/2017/03/25/opinion/sunday/dont-fight-their-lies-with-lies-of-your-own.html?_r=0. (Fecha de consulta: 19 de junio de 2017.)

8 Diversos análisis sobre los votantes de Trump publicados durante la campaña concluían que eran personas con menor educación y mayor tendencia a creer en afirmaciones falsas, como la que afirma que el sol gira alrededor de la Tierra. Ver, por ejemplo, Jason Brennan, "Trump Won Because Voters are Ignorant, Literally", *Foreign Policy*, 10 de noviembre de 2017. Disponible en http://foreignpolicy.com/2016/11/10/the-dance-of-the-dunces-trump-clinton-election-republican-democrat. (Fecha de consulta: 20 de junio de 2017.)

9 Véase su CV: http://hls.harvard.edu/faculty/directory/10899/Tribe. (Fecha de consulta: 20 de junio de 2017.)

10 Joseph Bernstein, "Why Is a Top Harvard Law Professor Sharing Anti-Trump Conspiracy Theories?", *Buzzfeed*, 11 de mayo de 2017. Disponible en https://www.buzzfeed.com/josephbernstein/larry-tribe-why. (Fecha de consulta: 20 de junio de 2017.)

11 "Veles, Macedonia", Wikipedia. Disponible en https://en.wikipedia.org/wiki/Veles,_Macedonia. (Fecha de consulta: 20 de junio de 2017.)

12 Craig Silverman y Lawrence Alexander, "How Teens in The Balkans Are Duping Trump Supporters with Fake News", *Buzzfeed*, 3 de noviembre de 2017. Disponible en https://www.buzzfeed.com/craigsilverman/how-macedonia-became-a-global-hub-for-pro-trump-misinfo. (Fecha de consulta: 20 de junio de 2017.)

13 *Idem.*

14 Lo mismo sucede con los casos opuestos. Cuando una nota sostiene lo contrario a nuestras creencias, el cerebro humano las ignora. Véase Kevin Quealy, "We Avoid News We Don't Like. Some Trump-Era Evidence", *The New York Times,* 21 de febrero de 2017. Disponible en https://www.nytimes.com/interactive/2017/02/21/upshot/how-readers-react-to-political-news-they-dont-like-they-ignore-it.html. (Fecha de consulta: 20 de junio de 2017.)

[15] Al concluir la elección, Facebook comenzó a actuar de manera más agresiva contra los productores de *fake news*. Al 22 de junio de 2017, al menos 30 sitios creados en Veles cerraron por violación a los términos de uso de la plataforma. Véase Craig Silverman, "Macedonian Publishers Are Panicking After Facebook Killed Their US Political Pages", *Buzzfeed*, 22 de junio de 2017. Disponible en https://www.buzz feed.com/craigsilverman/macedonian-publishers-are-panicking-af ter-facebook-killed. (Fecha de consulta: 22 de junio de 2017.)

[16] Si algún lector desea leer con sus propios ojos una encuesta falsa, el tuit sigue disponible. Véase https://twitter.com/PedroFerriz/status/208 969825018593281/photo/1. (Fecha de consulta: 19 de junio de 2017.)

[17] Véase https://twitter.com/randyNYT/status/209027869685456896. (Fecha de consulta: 19 de junio de 2017.)

[18] La nota existe, pero no se puede citar en formato tradicional porque no tiene ni autor ni fecha. Al momento de consultarla (19 de junio de 2017) está en línea en la siguiente dirección: http://www.argumentopo litico.com/2017/06/cientificos-suizos-analizan-datos-del_19.html. En caso de que sea borrada el autor de este libro posee una copia de la nota.

[19] Discusión que no vale la pena retomar en este libro. Sólo como comentario al margen, vale la pena decir que de nada sirve alterar un PREP, puesto que el resultado no es oficial. Si se quisiera alterar, lo mejor sería hacerlo con el cómputo distrital.

[20] Ver Unidad de Datos, "El Prep en Edomex suma votos de más al PRI; sólo en Naucalpan adjudicó 944 votos extras a favor", *Sin Embargo*, 7 de junio de 2017. Disponible en http://www.sinembargo.mx/07-06-2017/3235033. (Fecha de consulta: 19 de junio de 2017.)

[21] Sergio Rincón, "El millonario negocio detrás de los sitios de *'fake news'* en México", *Univisión Noticias*, 4 de abril de 2017. Disponible en http://www.univision.com/noticias/america-latina/el-millonario-ne gocio-detras-de-los-sitios-de-fake-news-en-mexico. (Fecha de consulta: 19 de junio de 2017.)

[22] Disponible en http://www.guruchuirer.com/informa.php?nc=3751. Al igual que con la nota de *Argumento Político*, el autor tiene copia de la página en caso de que sea borrada. (Fecha de consulta: 19 de junio de 2017.)

[23] En un capítulo se refiere a Donald Trump como presidente; en otro, los Rolling Stones continúan su gira durante el siglo XXI, y en otro incluso

tiene quinielas veraces sobre quién podría ganar el Premio Nobel de Economía.

[24] Como tal, Reddit se ha involucrado en múltiples escándalos. Un par de ejemplos: después de los atentados en el maratón de Boston, varios usuarios intentaron hacer trabajo *amateur* de detectives y sostuvieron que tenían a los responsables. Difundieron datos personales así como direcciones de sus supuestos sospechosos, y después resultó que era un error. Mientras tanto, los señalados por los usuarios de Reddit sufrieron acoso y violencia.

El segundo ocurrió en 2014 cuando un hacker robó cientos de fotos privadas de celebridades; Reddit fue el principal punto de distribución de las fotografías, que incluían a un par de menores de edad. Para más detalle, véase Charlie Warzel, "Reddit Is A Shrine To The Internet We Wanted And That's A Problem", *Buzzfeed*, 19 de junio de 2015. Disponible en https://www.buzzfeed.com/charliewarzel/reddit-is-a-shrine-to-the-internet-we-wanted-and-thats-a-pro. (Fecha de consulta: 21 de junio de 2017.)

[25] El tuit puede encontrarse en https://twitter.com/realDonaldTrump/status/837722869106880517. (Fecha de consulta: 21 de junio de 2017.)

[26] Charlie Warzel, "From Reddit To Trump's Twitter —In Less Than 24 Hours", *Buzzfeed*, 3 de marzo de 2017. Disponible en https://www.buzzfeed.com/charliewarzel/from-reddit-to-trumps-twitter-in-less-than-24-hours. (Fecha de consulta: 21 de junio de 2017.)

[27] *Idem.*

[28] Craig Silverman y Sara Spary, "Trolls Are Targeting Indian Restaurants with A Create-Your-Own Fake News Site", *Buzzfeed*, 29 de mayo de 2017. Disponible en https://www.buzzfeed.com/craigsilverman/create-your-own-fake-news-sites-are-booming-on-facebook-and. (Fecha de consulta: 21 de junio de 2017.)

SEGUNDA PARTE

FAKE NEWS EN ACCIÓN

4

FOX NEWS, DONALD TRUMP Y EL MUNDO AL REVÉS

> Los medios de noticias falsas están oficialmente fuera de control.
> Harán o dirán lo que sea para obtener atención;
> nunca ha habido una época como ésta.
>
> DONALD TRUMP,
> Twitter, 4 de mayo de 2017, 6:02 a.m.[1]

¿Para qué mentir? ¿Para ganar dinero? ¿Para obtener influencia? Depende de la persona. Pero en muchos casos el objetivo se resume en cinco letras: poder. Tal es lo que ha sucedido con Donald Trump desde que a mediados de los ochenta se volvió una celebridad en Nueva York.

Trump, hijo de un magnate de la construcción, fue de los primeros en darse cuenta de que la fama y riqueza podían abrir otras puertas en el mundo. Más allá de la escena *socialité*, la fama le generó dinero y mayores oportunidades para desarrollar su negocio inmobiliario.

A diferencia de otras personas del mismo rubro, Trump siempre vio en su nombre su activo más importante. Los edificios que construía —grises, oscuros, sin mayor personalidad— resaltaban porque tenían grabados su nombre en letras doradas. Sin ese distintivo, uno podría haber estado frente a un edificio cualquiera.[2]

El nombre de Trump se volvió sinónimo de lujo —mas no de buen gusto, como muestran las fotografías de su *penthouse* en las que se ven columnas doradas, candelabros gigantes y frescos en el techo como de capilla italiana—[3] y Trump supo capitalizarlo. Desde una breve aparición en *Mi pobre angelito II*, en la que da direcciones al "angelito", Kevin McCallister, y de paso promociona su hotel, *The Plaza*, hasta su extraña relación con la prensa: a veces llamaba por teléfono a reporteros y fingía ser un hombre llamado John Miller (o John Barron en otras ocasiones),[4] quien se identificaba como vocero de Trump. Miller daba ciertas citas y algunos rumores para que los periodistas escribieran sobre él; muchos de ellos se enteraron años más tarde que Miller no existía y que sólo se trataba de Trump, quien logró insertarse en el ciclo noticioso a su conveniencia.[5]

El éxito de su marca fue tal que incluso llegó a vender su nombre sin los edificios. Es decir, varios hoteles y rascacielos exhiben "Trump" aunque el presidente no esté relacionado con ellos salvo por su nombre y los millones de dólares que recibe a cambio. Este hecho ha resultado contraproducente en al menos dos casos. El primero, un edificio en Manhattan en el que los dueños de los departamentos pidieron eliminar el nombre porque no querían ser asociados con el nuevo presidente de Estados Unidos. El segundo, en el Medio Oriente, donde los dueños de las propiedades temían que sus bienes fueran blanco de ataques terroristas, sobre todo después de que Trump dijera que impediría el ingreso de musulmanes a su país.[6]

En 2015 Trump no era ningún novato en el negocio de la publicidad. Tenía 11 años como protagonista de *The Apprentice*, un *reality show* en el que Trump elige a una persona para dirigir una de sus compañías durante un año. ¡La frase más conocida del programa era "You're fired!" ("¡Estás despedido!"), la cual usaba Trump al final de cada episodio para eliminar a un concursante.

Después de más de una década en el negocio televisivo, la gente lo identificaba a la perfección. Y en un país en el que las personas no distinguen la televisión de la realidad, le sirvió mucho para afianzarse como el candidato más popular del Partido Republicano.

Como dijo un votante a *The New York Times* durante la campaña: "Mi lado oscuro quiere ver qué sucede si Trump gana. Va a haber algún tipo de cambio e incluso si es un cambio estilo Nazi, la gente está inmersa en el drama. Desean que sucedan cosas como ésas. Es como la televisión de *reality*. No quieres ver a todos felices con los otros. Quieres ver a alguien pelear con alguien más".[7]

Por eso, aquel 16 de junio de 2015 fue tan aciago. Ese día, Donald Trump bajó las escaleras eléctricas —doradas— de Trump Tower al *lobby* del edificio. Sus primeras palabras fueron "seré el mejor presidente del empleo que Dios haya creado". Luego agregó que el público que lo esperaba en el edificio "iba más allá de la expectativa de cualquiera", y que "jamás hubo multitudes como éstas".[8] ¿Dónde, cuándo? No lo mencionó. En su mente nada en la historia, nada, era tan importante como ese momento.

Luego comenzó su discurso. No llevaba ni un minuto y de repente dijo: "Cuando México envía a su gente, no envía a los mejores. No te envía a ti. A ti tampoco. Envían a gente que tiene muchos problemas, y que nos trae esos problemas a nosotros. Traen drogas. Traen delitos. Son violadores. Y, algunos, supongo, son buenas personas".[9]

¿De dónde venían sus datos? ¿En qué se apoyó Trump para hacer tales declaraciones? Eso era lo de menos. Ya tenía la atención del planeta entero.

"Todo el mundo miente", decía el personaje de televisión Gregory House. Aunque la frase es discutible, una versión de ella sí puede aceptarse de manera universal: "Todo político miente". Algunos más, algunos menos —Barack Obama lo hacía más seguido de lo que uno pensaría—, pero parte fundamental de la política es el engaño. En ciertos casos se utiliza para obtener votos —para eso están las promesas de campaña—, en otros para esconder las turbiedades del gobierno. Pero la constante es la misma: todos mienten.

Sin embargo, hay grados. Una cosa es inventarse una anécdota, como a veces hacía Ronald Reagan. Otra, mentir bajo juramento, como hizo Bill Clinton. Y una completamente distinta es lo que hace Donald Trump, al grado de que un historiador de la presidencia estadounidense dice que Trump "es una categoría aparte".[10] O, como dice el editor de una revista especializada en estudios presidenciales: "[Trump] dice más mentiras que cualquier presidente de nuestra historia".[11]

Aun así, las mentiras de Trump no tienen un patrón. Pueden ser mentiras tácticas —como decirle al ex director del FBI, James Comey, que lo grababa para intimidarlo cuando testificara, lo que es un delito—,[12] o sobre temas absolutamente inconsecuentes, como cuando presumió inventar un término económico que existe desde hace décadas.[13] De hecho, según un análisis, Trump dijo 488 cosas falsas o engañosas en sus primeros 100 días como presidente. Es decir, casi cinco mentiras diarias.[14]

Esto ha llegado a que analistas y periodistas tengan que discutir qué se considera una mentira y qué una verdad. Por eso cuando *The New York Times* publicó su lista "definitiva" de las mentiras de Trump, agregó una nota aclaratoria en la que decía que para ellos la definición de *mentira* sería conservadora y dejaría de lado afirmaciones que podían calificarse como dudosas sin caer en la categoría de *mentira*.[15] Si se acepta esta definición los resultados llaman la atención: Trump mintió diario, sin pausa, durante los primeros 40 días de su presidencia.[16]

Las mentiras, usadas como lo hace el presidente de Estados Unidos, son una forma de control. De control de la gente cercana y del mensaje: lo importante no es qué tan cierto o falso sea lo se dice, sino quién está dispuesto a repetirlo y por qué. Si Trump dice que la Tierra es plana no importa que lo crea, lo que desea son dos cosas. La primera, saber quién entre su gabinete o asesores está dispuesto a aceptarlo para demostrar lealtad; la segunda, tiene la intención de distorsionar la conversación pública y llamar la atención.[17]

Tomemos dos ejemplos. En 2012, año electoral en Estados Unidos, Barack Obama se perfilaba para reelegirse por un margen amplio. Donald Trump, quien entonces tenía micrófonos disponibles por ser el anfitrión de *The Apprentice*, decidió involucrarse para que esto no sucediera. No era la primera vez que ocurría, y de hecho anteriormente tuvo influencia en la discusión pública nacional: Trump pregonaba en redes sociales y en conferencias de prensa que Obama no era estadounidense de origen por nacer en Kenia, por lo tanto no era elegible para ser presidente de Estados Unidos.

La insistencia de Trump fue tal que desde el año anterior a la elección, Obama hizo pública su acta de nacimiento, documento legal que certifica que su lugar de nacimiento era Hawái. Para Trump no era suficiente. El 6 de agosto, en plena campaña, Trump tuiteó: "una 'fuente extremadamente creíble' [*sic*] llamó a mi oficina y me dijo que el certificado de nacimiento de Barack Obama es falso".[18] El objetivo era distraer de los temas de campaña y centrar la discusión en algo previo: si en efecto Obama podía competir o si había hecho trampa y el sistema estaba manipulado.[19] En gran parte funcionó, pues más de la mitad de sus seguidores creía que Obama había nacido en Kenia.[20]

Trump negó haber participado en la campaña para promover esta teoría —la cual, por cierto, fue apoyada en gran parte por Alex Jones—, y terminó por echarle la culpa a Hillary Clinton de inventar el rumor. Una clase maestra sobre cómo engañar: convenció a los votantes, se echó para atrás y después dijo que su oponente era la responsable de que casi 30% de los estadounidenses pensaran que Obama era extranjero.[21] Mientras tanto, el legado positivo del primer periodo de Obama se encontraba en un muy lejano segundo plano para esas personas.

El segundo ejemplo es más reciente, y está relacionado con un hecho que se mencionó páginas atrás: las acusaciones de que funcionarios de su gobierno se reunieron con agentes rusos sin reportarlo a las autoridades. Cuando los medios comenzaron a publicar información y la televisión —el principal conducto por el que Trump se informa— lo difundió, Trump atacó como sabe: cambió de tema.

Acusó a Barack Obama de intervenir los teléfonos de sus oficinas en Trump Tower. Cuando la prensa le pidió a él y a su entonces vocero, Sean Spicer, que profundizaran sobre el tema, no se dijo nada más. Lo único que había era un *tuit* con una acusación grave: que el presidente había espiado a su sucesor.[22] No necesitó de nada más para distraer la atención de los medios durante las semanas siguientes.

A pesar del escepticismo de periodistas, políticos (incluso republicanos) y hasta el propio FBI —que a través de su director dijo que no había evidencia alguna para apoyar la denuncia de Trump—, la Casa Blanca repitió la acusación sin decir con qué la apoyaba. Spicer incluso agregó, horas después de que el FBI dijera que ni siquiera investigaría el asunto, que había muchas preguntas por resolver, como quién espiaba y la razón.[23]

La insistencia en el tema terminó con un problema diplomático, cuando la Casa Blanca —a la par cumpliendo con la promesa de lealtad a Trump— sostuvo que el gobierno británico participó en el espionaje en su contra. El asesor de seguridad de Trump, H. R. McMaster, tuvo que disculparse con su contraparte británica, aunque Spicer después lo contradijo y declaró que nunca se pidió tal cosa.[24] Con tal de evitar que se hablara de un problema que su gobierno creó, Trump optó por crear una crisis internacional.

No fue ni la primera ni la última vez, pero Trump consiguió su objetivo: utilizar mentiras para detonar una distracción.

El 7 de octubre de 1996 inició transmisiones una cadena cuyo objetivo era ser la cuarta opción para los estadounidenses. Existían ABC, CBS y NBC, y el empresario australiano Rupert Murdoch, dueño de un gran conglomerado mediático, deseaba hacer competencia en el mercado televisivo más grande del mundo.

Murdoch y Roger Ailes, un estratega político que venía de otro canal de cable, sabían que sería difícil destacar en un ecosistema donde las tres grandes cadenas contaban con leyendas periodísticas y equipos de investigación con décadas de trabajo. Al mismo tiempo, Murdoch, dueño de diversos periódicos amarillistas, tenía perfecto conocimiento de los intereses de las clases bajas y medias en cuanto a consumo. Ahí estaba la clave del éxito: mezclar noticias con entretenimiento y crear algo nuevo, que no necesariamente cumpliera con los estándares periodísticos que se esperaban de este tipo de canal. El nuevo producto era algo conocido como *infotainment*, o info(entre)tenimiento.

Quizá la mejor representación del *infotainment* y la caída de estándares es la película *Anchorman 2* (traducida como *Al diablo con las noticias*), con Will Ferrell. La película es una burla sobre el advenimiento de los canales de 24 horas de noticias y su especial fascinación con cosas como la persecución de automóviles por parte de la policía. En una escena en particular, el personaje principal, Ron Burgundy, describe una persecución sin saber nada al respecto, pero llena el tiempo aire con pura especulación y datos irrelevantes. "Ésas no son noticias", le dice el productor, al mismo tiempo que una persona en un bar grita: "¿Cuándo se volvieron tan excitantes las noticias?"[25]

La propuesta de Fox News era tener más opinión, menos hechos y más controversia, todo empacado bajo un eslogan que decía *"Fair and balanced"* ("Justo y balanceado").[26] Cuando las otras tres cadenas cubrían temas que parecían noticiosos, Fox News podía encontrar dos cosas distintas: una, literalmente, distinta; es decir, otro tema. La segunda, un enfoque diferente, en general alineado con puntos de vista conservadores. Esta combinación hizo que la cadena, durante más de una década, fuera el canal de noticias más visto en Estados Unidos.[27]

La creación de este nuevo canal tuvo gran reverberación en el mundo de las noticias de Estados Unidos. Otros canales que llevaban años dedicados a lo mismo cambiaron su formato. CNN dejó atrás —aunque no por completo— los programas dedicados a un periodismo más complejo y optó por sustituirlos con mesas de análisis estilo Fox News. Si el televidente sintoniza el canal en cualquier tarde de lunes a viernes, encontrará paneles en los que comentaristas conservadores y liberales discuten las noticias del día o los últimos dichos de Donald Trump.[28]

Muchos de los televidentes de Fox News comenzaron a dejar de tomar como fuentes serias al resto de las cadenas, pues las consideraban "medios liberales" que distorsionaban la verdad para implementar una agenda, y veían en Fox News la única alternativa ante este tipo de imposición. La influencia del canal en la población estadounidense fue tal que un estudio de finales de los años noventa determinó que las ciudades en las que se podía ver el canal tenían un aumento de votación republicana en la elección siguiente de alrededor de medio punto porcentual.[29]

Por último, la influencia de Fox News se ha extendido al presidente de Estados Unidos. Trump tiene hábitos casi adictivos de consumo de televisión, en particular de noticieros, al grado de que diversos medios han podido saber qué ve y cuándo a través de su cuenta de Twitter: con cada tuit sobre alguna noticia o tema que parece no tener contexto, basta buscar dentro de la programación de las grandes cadenas de noticias, en particular Fox News, para entender qué es lo que Trump expresó.

Entiéndase: sus mensajes son reacciones a lo que ve en el momento que enciende su televisión. Su interés es tal que incluso instaló una televisión en el comedor principal de la Casa Blanca así como grabadoras que trabajan mientras se encuentra ocupado.[30]

El amor de Trump por Fox News y el interés de la cadena por acercarse al presidente han generado una relación de perfecta simbiosis: Fox News es el canal que más acceso tiene al presidente y sus funcionarios; hoy las conferencias de prensa desde la Casa Blanca se restringen todavía más, pero Fox News recibe mejor acceso.

Mientras otros medios luchan por obtener contenido, la presidencia de Estados Unidos se desvive en exclusivas para este canal. Fox News le corresponde a Trump con la mejor publicidad a través de entrevistas con preguntas superfluas y previamente consensuadas que permiten al presidente elaborar y opinar sin miedo a ser confrontado. Lo mismo con su familia, a quienes han dado cobertura igual de favorable. Un ejemplo de esta tolerancia es una pregunta que Fox News hizo a Ivanka Trump, hija mayor del presidente: "¿Qué calificación le darías a tu papá?" La respuesta fue "10".[31]

Ésta es quizá la cúspide de las *fake news* y la desinformación en Estados Unidos: un presidente que cree a ciegas lo que dice la televisión y un canal que actúa frente a eso y organiza su programación para influir de manera directa en las decisiones que toma.

Es la ficción distópica convertida en realidad. El problema es que esa simbiosis tiene consecuencias.

NOTAS

[1] El tuit original, que parece irónico pero no lo es, puede revisarse en la siguiente liga: https://twitter.com/realdonaldtrump/status/8600873345 19414784. (Fecha de consulta: 21 de junio de 2017.)

[2] Como dato curioso, Wikipedia tiene una categoría cuyo título es "Lista de cosas llamadas en nombre de Donald Trump": https://en.wikipedia.org/wiki/List_of_things_named_after_Donald_Trump. (Fecha de consulta: 23 de junio de 2017.)

[3] Darla Guillen, "At Home with Donald and Melania Trump", *The Houston Chronicle*, 4 de mayo de 2016. Disponible en http://www.chron.com/homes/article/At-home-with-Donald-and-Melania-Trump-6743792.php. (Fecha de consulta: 23 de junio de 2017.)

[4] Barron, por cierto, es el nombre de su hijo más pequeño.

[5] Marc Fisher y Will Hobson, "Donald Trump masqueraded as publicist to brag about himself", *The Washington Post*, 13 de mayo de 2016. Disponible en https://www.washingtonpost.com/politics/donald-trump-alter-ego-barron/2016/05/12/02. (Fecha de consulta: 23 de junio de 2017.)

[6] Véase Jim Zarroli, "Trump's Name Will Be Removed from Apartment Buildings After Residents Demand It", *NPR*, 15 de noviembre de 2017. Disponible en http://www.npr.org/sections/thetwo-way/2016/11/15/502201761/trumps-name-will-be-removed-from-apartment-buildings-after-residents-demand-it. (Fecha de consulta: 23 de junio de 2017.) Y: Polly Mosendz, "Trump's Name, Face, Taken Off Dubai Real Estate Development", *Newsweek*, 12 de noviembre de 2015. Disponible en http://www.newsweek.com/trump-name-face-disappear-dubai-real-estate-development-404094. (Fecha de consulta: 23 de junio de 2017.)

[7] Yamiche Alcindor, "Die-Hard Bernie Sanders Backers See FBI as Answer to Their Prayers", *The New York Times*, 27 de mayo de 2016. Disponible en https://mobile.nytimes.com/2016/05/28/us/politics/bernie-sanders-hillary-clinton-fbi.html. (Fecha de consulta: 23 de junio de 2017.) (Traducción del autor.)

[8] Ben Terris, "Donald Trump begins 2016 bid, citing his outsider status", *The Washington Post*, 16 de junio de 2015. Disponible en https://www.washingtonpost.com/politics/donald-trump-is-now-a-candidate-for-president-of-the-united-states/2015/06/16/5e6d738e-1441-11e5-9ddc-e3353542100c_story.html. (Fecha de consulta: 23 de junio de 2017.)

[9] Washington Post Staff, "Full text: Donald Trump announces a presidential bid", *The Washington Post*, 16 de junio de 2015. Disponible en https://www.washingtonpost.com/news/post-politics/wp/2015/06/16/full-text-donald-trump-announces-a-presidential-bid. (Fecha de consulta: 23 de junio de 2017.) (Traducción del autor.)

[10] Mark Z. Barabak, "There's a long history of presidential untruths. Here's why Donald Trump is 'in a class by himself'", *The Los Angeles Times*, 6 de febrero de 2017. Disponible en http://www.latimes.com/politics/la-na-trump-presidential-lies-2017-story.html. (Fecha de consulta: 23 de junio de 2017.)

[11] *Idem.*

[12] Maggie Haberman, "Trump Indicates Tweet on Tapes Was Meant to Affect Comey Testimony", *The New York Times*, 23 de junio de 2017. Disponible en https://www.nytimes.com/2017/06/23/us/politics/trump-indicates-tape-tweet-was-meant-to-affect-comey-testimony.html. (Fecha de consulta: 23 de junio de 2017.)

[13] Véase "Transcript: Interview with Donald Trump", *The Economist*, 11 de mayo de 2017. Disponible en http://www.economist.com/Trump-transcript. (Fecha de consulta: 23 de junio de 2017.)

[14] Germán López, "Report: Trump made 488 false or misleading claims in his first 100 days in office", *Vox*, 1 de mayo de 2017. Disponible en https://www.vox.com/policy-and-politics/2017/5/1/15503868/trump-lies-count. (Fecha de consulta: 23 de junio de 2017.)

[15] David Leonhardt, y Stuart A. Thompson, "Trump's Lies", *The New York Times*, 23 de junio de 2017. Disponible en https://www.nytimes.com/interactive/2017/06/23/opinion/trumps-lies.html. (Fecha de consulta: 26 de junio de 2017.)

[16] *Idem.*

[17] Matthew Yglesias, "The Bullshiter-in-Chief", *Vox*, 30 de mayo de 2017. Disponible en https://www.vox.com/policy-and-politics/2017/5/30/15631710/trump-bullshit. (Fecha de consulta: 26 de junio de 2017.)

[18] El tuit está disponible en https://twitter.com/realDonaldTrump/status/232572505238433794. (Fecha de consulta: 26 de junio de 2017.)

[19] Como candidato y después como presidente, Trump repitió que el sistema de votación en Estados Unidos estaba "arreglado" (*rigged*), lo cual lo había perjudicado a él en particular. Esto, curiosamente, a pesar de ganar la elección por la manera en que está diseñado el sistema, ya que perdió el voto popular por cerca de tres millones de votos.

[20] Kathy Frankovic, "Trump may recant birtherism, but many of his supporters haven't", *Yougov*, 23 de septiembre de 2016. Disponible en https://today.yougov.com/news/2016/09/23/trump-may-recant-birtherism-many-his-supporters-ha/. (Fecha de consulta: 26 de junio de 2017.)

[21] Kyle Cheney, "No, Clinton didn't start the birther thing. This guy did", *Politico*, 16 de septiembre de 2016. Disponible en http://www.politico.com/story/2016/09/birther-movement-founder-trump-clinton-228304. (Fecha de consulta: 26 de junio de 2017.)

[22] Adrienne LaFrance, "Why Is Trump Returning to Birther-Style Attacks on Obama?", *The Atlantic*, 5 de marzo de 2017. Disponible en https://www.theatlantic.com/politics/archive/2017/03/a-wiretap-accusation-and-the-echo-of-birtherism/518643. (Fecha de consulta: 26 de junio de 2017.)

[23] Issie Lapowsky, "Not Even the FBI can get Donald Trump to Drop his Wiretap Claims", *Wired*, 20 de marzo de 2017. Disponible en https://www.wired.com/2017/03/not-even-fbi-can-get-trump-drop-wiretap-claims/. (Fecha de consulta: 26 de junio de 2017.)

[24] Ben Westcott, Dan Merica y Jim Sciutto, "White House: No apology to British government over spying claims", CNN, 18 de marzo de 2017. Disponible en http://edition.cnn.com/2017/03/17/politics/gchq-trump-wiretap-denial/index.html. (Fecha de consulta: 26 de junio de 2017.)

[25] La escena puede verse en https://www.youtube.com/watch?v=Ha7s7o7KDrM. (Fecha de consulta: 26 de junio de 2017.)

[26] Kelefa Sanneh, "What Roger Ailes Figured Out", *The New Yorker*, 24 de mayo de 2017. Disponible en http://www.newyorker.com/news/news-desk/what-roger-ailes-figured-out. (Fecha de consulta: 27 de junio de 2017.)

[27] Vale la pena enfatizar la distinción: las otras tres cadenas sólo dedican ciertas horas de su programación a noticias, el resto lo ocupan con otro tipo de programas. Fox News tiene como competencia directa a CNN o MSNBC, dedicadas a noticieros las 24 horas del día. Aun así, en el horario estelar de noticias, Fox News logró competir y vencer durante mucho tiempo, lo cual habla del éxito de Murdoch y su compañía.

[28] Esto ha llevado a una falsa equivalencia: a los defensores de Trump se les trata igual que a sus oponentes, a pesar de que Trump y su gente han demostrado, una y otra vez, que están dispuestos a obviar los hechos en

una discusión. Sin embargo, en la búsqueda por el *rating*, CNN trata por igual ambos puntos de vista y estrategias (verdad y mentira).

[29] Stefano DellaVigna e Ethan Kaplan, "The Fox News Effect: Media Bias and Voting", *NBER*, abril de 2006. Disponible en http://www.nber.org/papers/w12169. (Fecha de consulta: 27 de junio de 2017.)

[30] Elaine Godfrey, "Trump's TV Obsession Is a First", *The Atlantic*, 3 de abril de 2017. Disponible en https://www.theatlantic.com/politics/archive/2017/04/donald-trump-americas-first-tv-president/521640. (Fecha de consulta: 27 de junio de 2017.)

[31] Tasneem Nashrulla, "Here Are All The Questions Fox News Recently Asked The President And His Top Aides", *Buzzfeed*, 26 de junio de 2017. Disponible en https://www.buzzfeed.com/tasneemnashrulla/what-grade-do-you-give-your-dad. (Fecha de consulta: 27 de junio de 2017.)

5

#PIZZAGATE Y SETH RICH: CUANDO LAS MENTIRAS TIENEN CONSECUENCIAS

El 4 de diciembre de 2016, Edgar Welch, un joven de 28 años originario de Carolina del Norte, tomó tres armas de su arsenal. Un revolver calibre .38, una escopeta y un rifle semiautomático AR-15. Las subió a su coche y manejó casi seis horas desde su casa en el pueblo de Salisbury hasta una pizzería llamada Comet Ping Pong, en el corazón de Washington, D. C. Se estacionó, cargó las armas y entró al restaurante. Pegó tres tiros con su AR-15. Uno dio en una puerta, otro en una pared y otro en un escritorio. Después dejó las armas y se rindió ante la policía. No hubo ni un solo herido.[1]

En su primera declaración, Welch dijo a las autoridades que hizo una "autoinvestigación" a un hecho que leyó en internet. Según una teoría que circulaba en las redes, propagada por Alex Jones, el dueño de *Infowars*, Comet Ping Pong era una fachada. En realidad no vendía pizza. Era un negocio clandestino donde los miembros más importantes del Partido Demócrata, entre ellos los Clinton, se reunían para abusar sexualmente de menores de edad en el sótano de la pizzería.[2]

La historia tiene su origen en la filtración de correos electrónicos de la cúpula demócrata que se discutió en el segundo capí-

tulo de este libro, en particular los correos electrónicos envia-
dos por John Podesta, jefe de campaña de Hillary Clinton, y los
de Clinton, encontrados en la computadora de Anthony Weiner.
Además, Twitter, en particular una cuenta falsa llamada @David
GoldbergNY, creada por un grupo de supremacía blanca que
finge ser un abogado judío de Nueva York y disemina noticias
falsas. La cuenta, hoy suspendida, tuiteó el 30 de octubre un supuesto mensaje de alguien con fuentes dentro de la policía local
de Nueva York (la supuesta red operaba en Washington, no ahí),
que confirmaba que en Comet Ping Pong había indicios de una
red internacional de trata de menores. La persona con la supuesta información vivía en Missouri, a miles de kilómetros de Nueva
York y Washington. Pero eso no importó.[3]

De ahí se hizo una bola de nieve, en la que usuarios de fo-
ros como Reddit empezaron a encontrar "palabras clave" y "se-
ñales" dentro de los correos de Podesta, así como en la cuenta
de Twitter de James Alefantis, dueño de la pizzería. Según los
usuarios, Alefantis subió fotos a su cuenta en las que mostraba
la construcción de un sótano; esto, junto con el uso repetido de
palabras como "queso" y "pizza" —normales para alguien que
trabaja... en una pizzería— y fotografías de niños que la gente
de Reddit no pudo identificar, los llevó a la inequívoca conclusión de que Alefantis escondía algo.[4]

De Reddit la conspiración saltó a diversos sitios, como los
de Macedonia, y de ahí al programa de Alex Jones y la cuenta de
Twitter de Michael G. Flynn, el hijo del entonces asesor de seguridad nacional de Donald Trump. La falsa noticia de la pizzería estuvo a nada de llegar a los oídos del presidente estadounidense.[5]

Mientras tanto, Welch, quien fue detenido por posesión de drogas y conducir bajo el influjo del alcohol años atrás, logró comprar armas con toda tranquilidad, a pesar de tener antecedentes penales. Las leyes locales de Carolina del Norte, donde vivía, así como las leyes federales, no tenían ninguna prohibición que evitara que Welch comprara armas. Incluso podría haber solicitado un permiso estatal para portar *concealed weapons*; es decir, armas escondidas, y probablemente se lo hubieran otorgado.[6]

En marzo, casi cuatro meses después del incidente, Jones se disculpó en un video con el dueño de la pizzería. No así con Podesta o los Clinton por involucrarlos en una teoría de conspiración sobre pedofilia. Aunque se desconoce el motivo por el cual se retractó de las acusaciones respecto a Comet Ping Pong, el mensaje fue subido a la red a los pocos días de que Alefantis enviara una carta a *Infowars* en la que exigía una disculpa pública y calificaba los dichos de Jones como "difamatorios", lo cual podría haber sido un preámbulo a una demanda.[7]

Pocas semanas después, Jones enfrentó un juicio de custodia respecto a sus dos hijos, lo que pudo influir en su modo de actuar. De hecho, al defenderse de la demanda de su esposa, Jones y sus abogados argumentaron que él era dos personas distintas: una normal y tranquila en privado y otra un personaje público dedicado a traficar conspiraciones. El abogado de Jones llegó a referirse a esta versión pública como un *performance*.[8]

Al terminar el juicio, Jones regresó a su territorio preferido, y acusó a Chobani, una compañía que fabrica yogurt, de contratar a refugiados acusados de cometer delitos violentos. Chobani, a raíz de la mala publicidad, demandó a Jones y consiguió que se disculpara: la segunda vez que esto ocurría en un año.[9] No obstante, Jones logró su cometido: Megyn Kelly, expresentadora de Fox News, recién contratada por NBC, lo invitó a su programa de entrevistas. Aunque Kelly argumentó que invitar a Jones era una manera de exponer el mundo de la conspiración estadounidense, en realidad terminó por darle una plataforma nacional. La entrevista salió al aire el día del padre en Estados Unidos, lo cual causó que los padres de los niños asesinados en Sandy Hook, a quienes Jones calificó de "actores", se quejaran con la cadena de televisión.[10]

Por su parte, Welch también emitió una disculpa pública durante su juicio, con miras a una reducción de sentencia. Aun así, Welch fue sentenciado a cuatro años de cárcel, pues la juez Ketanji Brown quiso sentar un precedente sobre dos cosas: *1.* la justicia llevada por propia mano, y *2.* las consecuencias de creer en los rumores que pueden encontrarse en internet.[11]

La "autoinvestigación" de Comet Ping Pong no tuvo víctimas "por suerte", según la policía local.[12] Pero otro caso posterior de *fake news* sí generó un trauma a una familia que lo que deseaba era llorar a su hijo en paz. Se trata de la historia de Seth Rich, un joven de 27 años que trabajaba para el Partido Demócrata y fue asesinado el 10 de julio de 2016 afuera de su casa, también en Washington D. C.

Rich trabajó la mayor parte de su corta vida adulta para los demócratas, salvo un breve paso por una consultoría en la industria privada. Su último trabajo involucraba política al nivel más local: ayudar a las personas que no sabían cómo encontrar su casilla. No tenía acceso ni credenciales para consultar los documentos importantes del partido: era un joven que iniciaba su carrera en el mundo político.[13]

La madrugada del 10 de julio, después de caminar casi 40 minutos desde un bar a su casa, Rich fue encarado por un desconocido a escasas cuadras de su hogar. Según la autopsia, Rich tenía varias heridas de bala, así como otro tipo de lesiones que sugerían forcejeo. La policía, alertada por un detector automático de sonidos de bala, llegó poco después de que el desconocido disparara. Cuando se acercaron el joven seguía vivo, pero no tardó en morir. Al revisar sus pertenencias, la policía anotó que Rich traía consigo su celular, cartera, llaves y dinero. A primera vista no parecía un asalto. Al día de hoy, el crimen sigue sin resolverse.[14]

Hillary Clinton y la entonces presidenta del Partido Demócrata, Debbie Wasserman Schultz, dieron discursos tras la muerte de Rich, y el partido incluso dedicó una placa conmemorativa en su sede. Sus familiares pidieron a la policía continuar con la investigación.

Como es costumbre, los conspirólogos de internet hicieron su propia pesquisa. Esta vez su megáfono no fue sólo Alex Jones, sino Sean Hannity, uno de los comentócratas conservadores más conocidos en Estados Unidos y titular del espacio estelar nocturno en Fox News. Todo comenzó, para variar, con una noticia falsa.[15]

En Estados Unidos las cadenas televisoras tienen cadenas locales afiliadas. Utilizan el mismo nombre, transmiten casi los mismos programas, pero los dueños son distintos. En general, el contenido varía poco, salvo por el hecho de que estas cadenas cubren lo que la versión nacional no: noticias locales. Es una relación de intercambio: ABC, CBS, NBC y en las últimas dos décadas Fox News ofrecen su contenido a las versiones locales y como contraprestación reciben historias locales que tienen el potencial de convertirse en nacionales, como sucedió con Fox 5, la edición local de Fox News en Washington, D. C.

Según la nota de Fox 5 publicada a mediados de mayo de 2017, Rod Wheeler, un investigador privado contratado por un empleado de Fox News para investigar la muerte de Rich, dijo que el motivo no era robo o violencia aleatoria, sino que Rich conocía secretos del Partido Demócrata. Wheeler dijo frente a las cámaras que Rich tenía conocimiento de primera mano de toda la corrupción interna que ocurría en el partido, y que había evidencia de que estuvo involucrado en la filtración de los correos hackeados por Guccifer 2.0 el año pasado, pues tuvo contacto con Wikileaks antes de morir.[16]

Las declaraciones llamaron la atención de la cadena nacional, Fox News, y en un par de horas los programas de opinión y noticieros actualizaron cada hora lo dicho por Wheeler. *Breitbart* e *Infowars*, la caballería de la conspiración, así como *Drudge Report*, su versión menos extrema, presentaban la nota como principal en sus sitios.

Había un pequeño problema: Wheeler se retractó a las pocas horas porque no había evidencia de lo que decía. Era un chisme que le contó un reportero de... Fox News.[17] Las consecuencias fueron tales que la familia de Rich amenazó con demandarlo por entorpecer las investigaciones, y tanto la cadena local, Fox 5, como la nacional, Fox News, eliminaron la historia de sus sitios y la reemplazaron con una disculpa pública.[18]

A pesar de ello, la sección de opinión de Fox News, que no se rige por los mismos estándares periodísticos que su sección de noticias, siguió el caso. Sean Hannity, el comentócrata con mayor *rating* del canal después de la salida de Bill O'Reilly por acoso sexual a empleadas del canal,[19] lo hizo su tema principal durante varias noches y atizó a quien le decía por Twitter que dejara de promover teorías de conspiración y desinformar al público. En un mensaje el 23 de mayo, dijo estar "más cerca de la VERDAD que nunca", y que no sólo "no iba a parar", sino que "trabajaría más duro".[20] Hannity empujó tanto la conspiración que los propios padres de Rich, quienes llevaban meses abogando por que se encontrara al asesino de su hijo, le pidieron que parara. En un editorial en *The Washington Post* el 23 de mayo, titulado "Somos los padres de Seth Rich. Dejen de politizar el homicidio de nuestro hijo", dijeron lo siguiente:

> Imagina vivir una pesadilla de la que no te puedes despertar. Imagina enfrentar cada día sabiendo que tu hijo fue asesinado. Imagina que no tienes respuestas; que nadie ha sido llevado frente a la justicia y que hay pocas pistas que te acerquen al asesino o asesinos. Imagina que cada día, con cada llamada telefónica esperas que se trate de la policía, hablándote para decirte que el caso tiene información nueva.
>
> Imagina que en lugar de eso, cada llamada que entra es un reportero preguntándote que qué piensas de una serie de mentiras y conspiraciones sobre la muerte. Esa pesadilla es lo que vive nuestra familia cada día.[21]

Hannity nunca se retractó, sólo dijo que no hablaría más del tema por respeto a la familia de Rich. Sin embargo, un mes más tarde, regresó a hablar de la muerte de Rich y cómo era parte de una conspiración del Partido Demócrata.[22]

El problema de que una cadena de televisión o un medio nacional retomen una teoría de conspiración crece más allá de la desinformación y falta de servicio al lector o televidente. Suficientes teorías y notas disfrazadas terminan por moldear la opinión de la víctima, al grado de que su cosmovisión se distorsiona.

Una manera de hacer esto de forma consciente es sembrar dudas, como hace Hannity. Al hablar de VERDAD en mayúsculas y decir que todavía no se conoce, engatusa al público que lo sigue para cuestionarse lo que es un hecho.

Es algo similar a lo que hacían las grandes compañías tabacaleras antes de que se llegara al consenso mundial de que su consumo es el responsable de la muerte de millones de personas. "Nuestro producto es la duda, ya que es la mejor manera de competir con 'los hechos establecidos' que existen en la mente del público en general. También es la manera de crear una controversia", decía un memorando interno de una tabacalera durante la década de los setenta.[23]

Por otra parte, también tenemos el concepto de *motivated reasoning* o "razonamiento motivado", que significa que el lector acomoda la información que recibe conforme a sus intereses. En ese sentido es similar al sesgo de confirmación que se comentó capítulos atrás. Pero hay una diferencia clave. Veámoslo en términos de futbol, el deporte más popular en México.

El 29 de junio de 2014 es una fecha que casi todo mexicano recuerda. México jugaba un partido de octavos de final frente a Países Bajos. La selección nacional se adelantó en el marcador a la mitad, y parecía que podía lograr lo impensable: avanzar al quinto partido por primera vez en su historia. Sin embargo, un gol en los últimos minutos empató el encuentro, y una polémica jugada en el área mexicana en tiempo de compensación (conocida por todos como *#NoEraPenal*) llevó a que Países Bajos diera la voltereta y eliminara al *Tri*.

Si uno le pregunta a un mexicano por qué se perdió el partido, lo más probable es que diga que fue porque el árbitro marcó un penal inexistente. No porque el entrenador haya hecho malos cambios, o tomado malas decisiones tácticas. No porque la selección nacional se dejara empatar. Se perdió porque el árbitro, la autoridad, siempre está en contra del mexicano.

Más o menos así es el razonamiento motivado: llegar a una conclusión por las creencias preexistentes.

En el caso de Estados Unidos y la elección, el ejemplo fue claro la semana posterior a que Donald Trump fuera elegido presidente. Los republicanos pensaban y decían bajo el gobierno de Barack Obama que la economía iba en franco declive. Los demócratas, por su parte, opinaban lo contrario. Apenas fue declarado ganador Trump, los puntos de vista se invirtieron: los republicanos decían que la economía mejoraba y los demócratas que empeoraba. Lo único que cambió fue la percepción. La economía seguía igual, pero un partido distinto estaba en el poder.[24]

Hay que añadir el nivel de educación. Según un artículo publicado tres años antes de la elección en *American Journal of Political Science*, las personas con menor nivel educativo —quienes prefieren dar su voto a los republicanos y son conservadores en su visión política— son las más receptivas a las teorías de conspiración.[25]

No sólo se trata de la manera como los republicanos piensan, sino en particular los televidentes de Fox News. Según una encuesta de la Universidad de Suffolk junto con el periódico *USA Today*, 60% de los republicanos toma Fox News como el medio de comunicación más confiable. En cambio, el medio más confiable entre los demócratas es CNN, pero sólo llega a 20%. Quienes confían en Fox News tienen una mucho mejor opinión del presidente y sobre lo que sucede en Estados Unidos, mientras que quienes confían en otras cadenas tienen una visión diametralmente opuesta.

En la encuesta[26] hay dos datos interesantes. El primero es que los televidentes de Fox News culpan en su mayoría a los demócratas cuando una ley se detiene en el congreso, a pesar de que los republicanos son mayoría en ambas cámaras. El segundo es que para la gente que sintoniza esta cadena, la investigación más importante del momento, si hubo colusión entre los funcionarios de Trump y el gobierno ruso, es irrelevante.[27]

Ante esto, las dos grandes compañías de internet, responsables del mayor tráfico de información a nivel global, han tenido que reaccionar y rápido. Google, por ejemplo, ha modificado su algoritmo —la fórmula que determina qué resultados aparecen al usarlo— para depurar las ligas *fake news*.[28]

Facebook ha tenido que atravesar una crisis existencial para comprender el papel que jugaron en la elección y diseminación de información falsa. Al principio la reacción fue "Deny! Deny! Deny!" ("¡Negar! ¡Negar! ¡Negar!"), como dice la popular frase estadounidense, y después, poco a poco, desarrollaron herramientas para que los usuarios denunciaran contenido sospechoso. No obstante, denunciar noticias falsas ha tenido poco éxito, y en algunos casos ha sido contraproducente: el tráfico de las noticias falsas aumenta con cada denuncia, pues en lugar de ayuda, los usuarios lo perciben como un intento de censura. ¿Por qué Facebook elige lo que puedo y no puedo leer?[29]

Mientras tanto, la desinformación avanza. No sólo en el ámbito político, sino en uno mucho más delicado: el médico. En concreto, la vacunación infantil.

NOTAS

[1] William Douglas y Mark Washburn, "Religious zeal drives N.C. man in 'Pizzagate'", *The Charlotte Observer*, 6 de diciembre de 2016. Disponible en http://www.courier-tribune.com/news/20161206/reli gious-zeal-drives-nc-man-in-8216pizzagate8217. (Fecha de consulta: 28 de junio de 2017.)

[2] Un detalle crucial: Comet Ping Pong no tiene sótano. Véase The Associated Press, "Man opens fire in restaurant targeted by anti-Clinton 'PizzaGate' fake news conspiracy", CBC, 4 de diciembre de 2016. Disponible en http://www.cbsnews.com/news/police-man-with-assault-rifle-dc-comet-pizza-victim-of-fake-sex-trafficking-story. (Fecha de consulta: 28 de junio de 2017.)

[3] Silverman Craig, "How The Bizarre Conspiracy Theory Behind 'Pizzagate' Was Spread", *Buzzfeed*, 4 de noviembre de 2016. Disponible en https://www.buzzfeed.com/craigsilverman/fever-swamp-election. (Fecha de consulta: 28 de junio de 2017.)

[4] Kate Samuelson, "What to Know About Pizzagate, the Fake News Story With Real Consequences", *Time*, 5 de diciembre de 2016. Disponible en http://time.com/4590255/pizzagate-fake-news-what-to-know. (Fecha de consulta: 28 de junio de 2017.)

[5] Germán López, "Pizzagate, the fake news conspiracy theory that led a gunman to DC's Comet Ping Pong, explained", *Vox*, 8 de diciembre de 2016. Disponible en https://www.vox.com/policy-and-politics/2016/12/5/13842258/pizzagate-comet-ping-pong-fake-news. (Fecha de consulta: 28 de junio de 2017.)

[6] Alex Yablon, "How Did the 'Pizzagate' Shooter Get Guns with a Criminal Record?", *Vice*, 7 de diciembre de 2016. Disponible en https://www.vice.com/en_us/article/z4nyz8/how-did-the-pizzagate-shooter-get-his-guns-with-a-criminal-record. (Fecha de consulta: 28 de junio de 2017.)

[7] Paul Farhi, "Conspiracy theorist Alex Jones backs off 'Pizzagate' claims", *The Washington Post*, 24 de marzo de 2017. Disponible en https://www.washingtonpost.com/lifestyle/style/conspiracy-theorist-alex-jones-backs-off-pizzagate-claims/2017/03/24/6f0246fe-10cd-11e7-ab07-07d9f521f6b5_story.html. (Fecha de consulta: 28 de junio de 2017.)

[8] Charlie Warzel, "Alex Jones Suffers Defeat in Custody Hearing", *Buzzfeed*, 27 de abril de 2017. Disponible en https://www.buzzfeed.com/charliewarzel/jones-trial-verdict. (Fecha de consulta: 28 de junio de 2017.)

[9] Daniella Silva, "Alex Jones 'Resolves' Lawsuit With Chobani Yogurt, Issues Retraction", NBC, 17 de mayo de 2017. Disponible en http://www.nbcnews.com/news/us-news/alex-jones-resolves-lawsuit-chobani-yogurt-issues-retraction-n761261. (Fecha de consulta: 28 de junio de 2017.)

[10] Amy Davidson, "The Real Problem with Megyn Kelly's Alex Jones Segment", *The New Yorker*, 19 de junio de 2017. Disponible en http://www.newyorker.com/news/amy-davidson/the-real-problem-with-megyn-kellys-alex-jones-segment. (Fecha de consulta: 28 de junio de 2017.)

[11] Spencer Hsu, S., " 'Pizzagate' gunman sentenced to four years in prison, as prosecutors urged judge to deter vigilante justice", *The Washington Post*, 22 de junio de 2017. Disponible en https://www.washingtonpost.com/local/public-safety/pizzagate-gunman-sentenced-to-four-years-in-prison-as-prosecutors-urged-judge-to-deter-vigilante-justice/2017/06/22/. (Fecha de consulta: 28 de junio de 2017.)

[12] *Idem.*

[13] Guo, Jeff, "The bonkers Seth Rich conspiracy theory, explained", *Vox*, 24 de mayo de 2017. Disponible en https://www.vox.com/policy-and-politics/2017/5/24/15685560/seth-rich-conspiracy-theory-explained-fox-news-hannity. (Fecha de consulta: 28 de junio de 2017.)

[14] Danielle Kurtzleben, "Unproved Claims Re-Emerge Around DNC Staffer's Death: Here's What You Should Know", NPR, 17 de mayo de

2017. Disponible en http://www.npr.org/2017/05/17/528804792/un
proved-claims-reemerge-around-dnc-staffer-s-death-here-s-what-you-
should-know. (Fecha de consulta: 28 de junio de 2017.)

[15] Choi, David, "A 27-year-old DNC staffer was shot and killed in DC —
and his mysterious death has led to a ton of conspiracy theories about
Russia and WikiLeaks", *Business Insider*, 25 de mayo de 2017. Disponible en http://www.businessinsider.com/what-is-fox-news-seth-rich-
story-about-2017-5. (Fecha de consulta: 28 de junio de 2017.)

[16] Merlan, Anna, "Fox News Retracted Its Story on Seth Rich's Death,
But Sean Hannity Is Still Tweeting Conspiracy Theories", *Jezebel*, 23
de mayo de 2017. Disponible en http://theslot.jezebel.com/fox-news-re
tracted-its-story-on-seth-richs-death-but-s-1795482469. (Fecha de consulta: 30 de junio de 2017.)

[17] May, Charlie, "Fox News contributor turns on Fox News after report
of a DNC murder conspiracy falls apart", *Salon*, 17 de mayo de 2017.
Disponible en http://www.salon.com/2017/05/17/fox-news-contribu
tor-turns-on-fox-news-after-report-on-a-dnc-murder-conspiracy-falls-
apart. (Fecha de consulta: 30 de junio de 2017.)

[18] Mientras que el comunicado de Fox News fue un escueto párrafo que
no informaba qué había sucedido ni por qué estaba mal, Fox 5 sí se
tomó la molestia de explicar de manera detallada cómo se equivocaron.
El comunicado de Fox News está disponible en http://www.fox news.
com/politics/2017/05/23/statement-on-coverage-seth-rich-murder-
investigation.html. (Fecha de consulta: 30 de junio de 2017) y el de Fox
5 en http://www.fox5dc.com/news/255305734-story. (Fecha de consulta: 30 de junio de 2017.)

[19] Véase Emily Steel y Michael S. Schmidt, "Bill O'Reilly Thrives at Fox
News, Even as Harassment Settlements Add Up", *The New York Times*, 1º de abril de 2017. Disponible en https://www.nytimes.com/2017/
04/01/business/media/bill-oreilly-sexual-harassment-fox-news.html.
(Fecha de consulta: 30 de junio de 2017.)

[20] El tuit original se encuentra en https://twitter.com/seanhannity/sta-
tus/867211447901851649. (Fecha de consulta: 30 de junio de 2017.)

[21] Mary Rich y Joel Rich, "We're Seth Rich's parents. Stop politicizing our
son's murder", *The Washington Post*, 23 de mayo de 2017. Disponible
en https://www.washingtonpost.com/opinions/were-seth-richs-pa
rents-stop-politicizing-our-sons-murder/2017/05/23/164cf4dc-3fee-
11e7-9869-bac8b446820a_story.html. (Fecha de consulta: 30 de junio
de 2017.) (Traducción del autor.)

22 Dan Gunderman, "Sean Hannity brings up Seth Rich again, alludes to DNC emails and suspicious murder", *The New York Daily News*, 23 de junio de 2017. Disponible en http://www.nydailynews.com/news/poli tics/sean-hannity-brings-seth-rich-alludes-dnc-emails-article-1.3272 124. (Fecha de consulta: 30 de junio de 2017.)

23 Georgina Kenyon, "The Man Who Studies the Spread of Ignorance", BBC, 6 de enero de 2016. Disponible en http://www.bbc.com/future/ story/20160105-the-man-who-studies-the-spread-of-ignorance. (Fecha de consulta: 30 de junio de 2017.)

24 Brian Resnick, "7 psychological concepts that explain the Trump era of politics", *Vox*, 6 de mayo de 2017. Disponible en https://www.vox. com/science-and-health/2017/3/20/14915076/7-psychological-con cepts-explain-trump-politics. (Fecha de consulta: 30 de junio de 2017.)

25 J. Erick Oliver y Thomas J. Wood, "Conspiracy Theories and the Pa ranoid Style(s) of Mass Opinion", 5 de marzo de 2014. Disponible en http://onlinelibrary.wiley.com/doi/10.1111/ajps.12084/abstract. (Fe cha de consulta: 30 de junio de 2017.)

26 Disponible en http://www.suffolk.edu/documents/SUPRC/FINAL_ June_national_crosstabs_6-28.pdf. (Fecha de consulta: 30 de junio de 2017.)

27 Philip Bump, "Fox News fans see Trump much differently than the country on the whole", *The Washington Post*, 29 de junio de 2017. Dis ponible en https://www.washingtonpost.com/news/politics/wp/2017/ 06/29/fox-news-fans-see-trump-much-differently-than-the-country-on- the-whole/. (Fecha de consulta: 30 de junio de 2017.)

28 Mark Bergen, "Google Rewrites Its Powerful Search Rankings to Bury Fake News", 25 de abril de 2017. Disponible en https://www.bloom berg.com/news/articles/2017-04-25/google-rewrites-its-powerful- search-rankings-to-bury-fake-news. (Fecha de consulta: 30 de junio de 2017.)

29 Sam Levin, "Facebook promised to tackle fake news. But the evidence shows it's not working", *The Guardian*, 16 de mayo de 2017. Dispo nible en https://www.theguardian.com/technology/2017/may/16/face book-fake-news-tools-not-working. (Fecha de consulta: 30 de junio de 2017.)

6

CIENCIA FALSA.
AUTISMO, VACUNAS,
Y CALENTAMIENTO GLOBAL

El 5 de enero de 2015 el Center for Disease Control (CDC, Centro de Control de Enfermedades) de Estados Unidos fue notificado de un caso atípico: un niño de 11 años que visitó el parque de atracciones Disneyland, en California, estaba hospitalizado. Se le diagnosticó sarampión.

Un mes más tarde se confirmaría algo peor: 125 personas contrajeron la enfermedad al visitar Disneyland a finales de diciembre de 2014. Del total de 125, 49 o 45%, incluyendo al niño de 11 años, estaba enfermo por falta de vacunas. Sus padres lo negaron bajo el argumento de que sus creencias personales no lo permitían.

Aun peor: 12 de los casos de infección ocurrieron porque las personas contagiadas eran niños que no estaban en edad de ser vacunados. Nadie murió, pero los 12 niños estuvieron en riesgo mortal.[1] No fue sino hasta abril de 2017 que el CDC declaró oficialmente bajo control la epidemia.[2]

Los 12 infantes estuvieron cerca de morir porque la falta de vacunación del resto eliminó el *herd immunity*, o "inmunidad de manada". Según el Department of Health & Human Services (HHS, Departamento de Salud y Servicios Humanos) del gobierno estadounidense, este concepto se explica así:

> Las vacunas pueden prevenir epidemias y salvar vidas. Cuando una porción crítica de la comunidad se inmuniza ante una enfermedad contagiosa, la mayoría de los miembros de esa comunidad queda protegida contra la enfermedad por la baja probabilidad de una epidemia. Incluso aquellos que no pueden ser vacunados —como infantes, mujeres embarazadas o individuos con problemas inmunológicos— son protegidos gracias a la contención de la enfermedad . Este hecho se conoce como "inmunidad comunitaria".[3]

En el momento en el que esta inmunidad se rompe, los miembros más débiles de la comunidad entran en peligro. Antes del descubrimiento de los antibióticos y la creación de las vacunas era común este tipo de casos, pero los avances en la medicina ayudaron a erradicar las enfermedades más graves y mortíferas. Durante décadas, los países desarrollados se declararon incluso libres de ciertas enfermedades, pues la tasa de vacunación hacía imposible contraerlas.

Pero un estudio publicado en la prestigiosa revista médica *The Lancet* a finales del siglo pasado cambió esta idea para mal.

El 28 de febrero de 1998 el doctor inglés Andrew Wakefield publicó un estudio con 12 colegas en *The Lancet*, un semanario médico fundado en 1823. En ese texto, Wakefield presentó hallazgos sobre el mundo de las vacunas: la aplicación de la vacuna triple MMR (o sarampión, paperas y rubeola) hizo que algunos de los pacientes desarrollaran "enterocolitis autística", una nueva forma de autismo. Aunque Wakefield dijo que no podía encontrar una correlación entre ambas circunstancias, su artículo sugería detener el uso de la MMR hasta comprobar el resultado.[4]

Para ofrecer sus hallazgos, Wakefield llamó a una conferencia de prensa televisada por varios medios internacionales y que fue retomada en distintos noticieros del mundo. Entre las declaraciones más polémicas de Wakefield, dijo que "era una cuestión moral" investigar la correlación entre autismo y la vacuna.[5] Las afirmaciones eran tan fuertes y graves que en meses las tasas de vacunación —las responsables de la "inmunidad de manada"— descendieron. Casi de manera inmediata, ante el pánico suscitado, diversos investigadores intentaron replicar el experimento para saber si la teoría de Wakefield tenía fundamento.[6]

Seis años más tarde, un periodista del diario inglés *The Sunday Times* dio con dos datos cruciales detrás del artículo de Wakefield: el primero era que un grupo de abogados que buscaban desacreditar la efectividad de las vacunas dio recursos a la investigación; el segundo, que Wakefield intentó patentar su propia vacuna —para una de las tres enfermedades, pues no habría problema si los niños se vacunaban por separado— con el fin de enriquecerse a partir de sus conclusiones. A raíz del nuevo artículo, *The Lancet* emitió un comunicado en el que admitía que la investigación de Wakefield tenía "un defecto fatal" y que nunca se debió de haber publicado.[7] Era demasiado tarde. *The Lancet* continuó su propia investigación, y no fue sino hasta 12 años después, en 2010, que retractó el texto en su totalidad. Si uno ingresa al sitio ahora, verá leyendas "RETRACTED" en rojo intercaladas en el texto.

Por su parte, el General Medical Council (GMC, Consejo Médico General) del Reino Unido hizo su propia investigación. Ese mismo año concluyó que Wakefield actuó de manera irresponsable al utilizar sólo ocho casos para sustentar sus aseveraciones, y que "abusó de su posición" al hacer pruebas innecesarias en niños sin el consentimiento de los padres.

En la presentación de sus hallazgos, el GMC concluyó que Wakefield debía perder su cédula profesional y ser inhabilitado para practicar medicina. Al terminar la conferencia, el exdoctor dijo que nunca sostuvo que las vacunas causaran autismo.[8]

A pesar de la respuesta, la fraudulenta investigación de Wakefield surtió efecto literalmente mortal: la tasa de vacunación en el Reino Unido bajó de 92% en 1998, año en que se publicó el estudio, a 73% en 2008. Dos niños murieron ese año por sarampión, algo que no sucedía desde 1992.[9]

Al día de hoy, la duda sembrada por Wakefield no sólo se mantiene, sino que crece, en particular en Estados Unidos. En Minnesota, un caso muy particular es el de la comunidad de migrantes somalíes, la más grande del país. En 2008 los padres de la comunidad notaron un aumento en casos de autismo entre los niños y solicitaron al gobierno servicios de educación especial para sus hijos.

El grupo antivacunas local —conocido como *antivaxxer*— conoció el caso y se acercó a los somalíes: logró convencerlos de que sus hijos tenían autismo porque recibieron la vacuna triple de MMR.

De 2000 a 2008, según las autoridades locales, los somalíes eran la población con mayor tasa de vacunación de niños menores a dos años en el estado, por encima de 90%. Para 2017 la tasa cayó de forma estrepitosa hasta por debajo de 42%. Al momento de enviar este libro a imprenta se han confirmado 48 casos de sarampión en la comunidad somalí del estado durante 2017.[10]

El movimiento *antivaxxer* tiene voceros con megáfonos grandes: diversas estrellas de Hollywood luchan abiertamente contra las vacunas. Jim Carrey y Charlie Sheen, entre otros, han desacreditado en público la importancia de las vacunas y sugieren a sus *fans* no hacerlo a sus hijos.[11] Pero se quedan cortos. Hoy por hoy, el escéptico más grande del beneficio de vacunar a los niños es nada menos que el presidente de Estados Unidos, Donald Trump.

28 de marzo de 2014 en Twitter: "Niño sano va al doctor, le inyectan una dosis masiva de varias vacunas, no se siente mejor y cambia —AUTISMO. ¡Muchos casos así!"[12]

16 de septiembre de 2015, en debate con precandidatos republicanos: "Gente que trabaja para mí, tan sólo el otro día, dos años de edad, niño precioso que fue a que le dieran una vacuna y regresó y una semana después le dio una fiebre tremenda, se puso muy, muy enfermo y hoy es autista".[13]

Hasta entonces sólo dichos. Y luego vinieron los hechos. El 10 de enero de 2017, 10 días antes de que Trump asumiera la presidencia, recibió a Robert F. Kennedy Jr. en sus oficinas en *Trump Tower*. Kennedy Jr., hijo de Robert Kennedy, procurador de justicia de Estados Unidos y sobrino de John F. Kennedy, presidente del país, es un activista de diversas causas. Entre ellas, es de las voces más importantes en el movimiento *antivaxxer*. Pero a diferencia de Wakefield, que argumentaba que la vacuna MMR podía ser dañina, Kennedy Jr. cree que el timerosal, un conservador a base de mercurio etílico, es una de las causas directas del autismo en niños.[14]

En 2005, Kennedy publicó un texto en *Rolling Stone* y el sitio *Salon* en el que según sus investigaciones el timerosal de las vacunas fue peligroso hasta 2001, y era responsable de desórdenes neurológicos infantiles. El artículo ignoraba los estudios más sólidos sobre el tema, aquellos que demostraban que el timerosal no tenía correlación con el autismo.[15] Después de que varios científicos y divulgadores hicieron notar lo fraudulento de la investigación, *Salon* retractó el texto y publicó una corrección en 2011, seis años después.[16] Aunque *Rolling Stone* corrigió varias afirmaciones del texto de Kennedy Jr. y publicó un editorial posterior, mantiene la publicación en su versión en línea.[17]

A pesar del descrédito, del mal uso de la ciencia y del intento de desinformar al público en general, Trump se reunió con Kennedy Jr. Al terminar el encuentro, el propio *antivaxxer* anunció que el presidente le pidió encabezar una comisión gubernamental sobre seguridad en las vacunas e "integridad científica".[18] A julio de 2017 la comisión aún no existe. Darle una plataforma tan grande a un *antivaxxer* puede tener efectos como los de la comunidad somalí en Minnesota, a una escala mayor.

El nombre de Scott Pruitt apareció en el capítulo 2, en referencia al hecho de que el hoy director de la agencia de protección ambiental de Estados Unidos no piensa que el calentamiento global sea un fenómeno causado por los humanos. Aunque los datos satelitales más recientes mostraron en junio de 2017 que el calentamiento global avanza a un paso más rápido del que se había calculado son los únicos que les parecen confiables.[19]

Aunque Pruitt fue relativamente cauto en un inicio, sus primeras acciones fueron borrar menciones del calentamiento global de los documentos y lenguaje oficiales de la EPA, y su estrategia se volvió más agresiva al asentarse en su puesto.

El mismo día que se publicó el estudio sobre el cambio en la temperatura del planeta, Pruitt anunció que utilizaría una estrategia conocida como *blue team, red team* ("equipo azul, equipo rojo") para tratar el asunto.[20] Utilizada sobre todo en el pensamiento militar, implica la creación de dos "equipos" que se encargan de debatir argumentos a favor y en contra de un tema, con la idea de llegar a un consenso entre ambas posiciones. El problema es que en el caso del cambio climático, las posiciones no son ni pueden tratarse de manera equitativa: el consenso de los científicos a nivel mundial es que los humanos son responsables del aceleramiento del fenómeno.

Esto no evita que Pruitt y sus asesores utilicen su posición para sembrar dudas en una discusión que concluyó hace mucho tiempo. Tal y como las compañías de tabaco de los setenta: una controversia inexistente, pero difundida por todos los medios posibles, es suficiente para que cierta parte de la población dude sobre la verdad. Y al igual que con los cigarros, también suficiente para matarlos. Sólo que, en este caso, no son sólo los fumadores quienes perecen. Es la humanidad, y la ciencia falsa y sus impulsores los responsables de la extinción.

NOTAS

1 Jennifer Zipprich *et al.*, "Measles Outbreak —California, December 2014-February 2015", CDC, 20 de febrero de 2015. Disponible en https://www.cdc.gov/mmwr/preview/mmwrhtml/mm6406a5.htm. (Fecha de consulta: 1º de julio de 2017.)

2 "Measles Outbreak Traced to Disneyland is Declared Over", NBC News, 17 de abril de 2015. Disponible en http://www.nbcnews.com/storyli ne/measles-outbreak/measles-outbreak-traced-disneyland-declared-over-n343686. (Fecha de consulta: 1º de julio de 2017.)

3 *HHS*, "Community Inmunity", *Vaccines*. Disponible en https://www. vaccines.gov/basics/protection/index.html. (Fecha de consulta: 1º de julio de 2017.)

4 El texto original del artículo puede encontrarse en http://www.thelan cet.com/journals/lancet/article/PIIS0140673697110960/fulltext. (Fecha de consulta: 1º de julio de 2017.)

5 Nick Triggle, "Wakefield and autism: the story that will not go away", BBC, 28 de enero de 2010. Disponible en http://news.bbc.co.uk/2/hi/ health/8481583.stm. (Fecha de consulta: 1º de julio de 2017.)

6 T. S. Sathyanarayana Rao y Chittaranjan Andrade, "The MMR vaccine and autism: Sensation, refutation, retraction, and fraud", NCBI, abril de 2011. Disponible en https://www.ncbi.nlm.nih.gov/pmc/articles/PMC 3136032/. (Fecha de consulta: 1º de julio de 2017.)

7 Brian Deer, "Revealed: MMR research scandal", *The Sunday Times*, 22 de febrero de 2004. Disponible en http://briandeer.com/mmr/lancet-deer-1.htm. (Fecha de consulta: 1º de julio de 2017.)

8 James Meikle y Sarah Boseley, "MMR row doctor Andrew Wakefield struck off register", *The Guardian,* 24 de mayo de 2010. Disponible en https://www.theguardian.com/society/2010/may/24/mmr-doctor-an drew-wakefield-struck-off. (Fecha de consulta: 1º de julio de 2017.)

9 Oakland Ross, "Andrew Wakefield's fraudulent vaccine research", *The Star*, 7 de enero de 2011. Disponible en https://www.thestar.com/life/ health_wellness/2011/01/07/andrew_wakefields_fraudulent_vaccine_ research.html. (Fecha de consulta: 1º de julio de 2017.)

10 Jacqueline Howard, "Anti-vaccine groups blamed in Minnesota meas les outbreak", CNN, 9 de mayo de 2017. Disponible en http://edition. cnn.com/2017/05/08/health/measles-minnesota-somali-anti-vaccine-bn/index.html. (Fecha de consulta: 1º de julio de 2017.)

[11] Anna Merlan, "Here's a Fairly Comprehensive List of Anti-Vaccination Celebrities", *Jezebel*, 30 de junio de 2015. Disponible en http://jezebel. com/heres-a-fairly-comprehensive-list-of-anti-vaccination-c-1714760128. (Fecha de consulta: 1º de julio de 2017.)

[12] Con sus más de 35 000 tuits, la cuenta de Donald Trump ha guardado sus opiniones desde marzo de 2009, fecha en que se unió a la red social. Sobre vacunas y autismo ha escrito en repetidas ocasiones. Ésta es una de ellas. Tuit original disponible en https://twitter.com/realdonald trump/status/449525268529815552. (Fecha de consulta: 2 de julio de 2017.) (Traducción del autor.)

[13] Se respeta tal cual la construcción de la oración que hizo Donald Trump, en la que parece decir que un niño de dos años trabaja para él. Cita obtenida en Rory Carroll, "Donald Trump on vaccines: 'It's not helpful', experts say", *The Guardian*, 16 de septiembre de 2016. Disponible en https://www.theguardian.com/us-news/2015/sep/17/donald-trump-vaccines-autism-debate. (Fecha de consulta: 2 de julio de 2017.)

[14] De acuerdo con el CDC el timerosal evita que las bacterias contaminen la sustancia de las vacunas, lo cual hace que duren más. Y, aunque en efecto contiene mercurio, varios estudios científicos han demostrado que el cuerpo lo desecha sin mayor complicación. Véase "Thimerosal in Vaccines", CDC, 27 de octubre de 2015. Disponible en https://www.cdc. gov/vaccinesafety/concerns/thimerosal/index.html.

[15] Seth Mnookin, "How Robert F. Kennedy, Jr., Distorted Vaccine Science", *Scientific American*, 11 de junio de 2017. Disponible en https:// www.scientificamerican.com/article/how-robert-f-kennedy-jr-distor ted-vaccine-science1. (Fecha de consulta: 2 de julio de 2017.)

[16] Kerry Lauerman, "Correcting Our Record", *Salon*, 16 de enero de 2011. Disponible en http://www.salon.com/2011/01/16/dangerous_ immunity. (Fecha de consulta: 2 de julio de 2017.)

[17] El texto puede encontrarse en la siguiente liga: http://www.rollingsto ne.com/politics/news/deadly-immunity-20110209. (Fecha de consulta: 2 de julio de 2017.)

[18] Las comillas no son del autor, sino de la nota original de la que se obtuvo la información, publicada en el sitio de la National Public Radio (NPR, Radio Pública Nacional), lo cual muestra el escepticismo con el que hasta los medios públicos estadounidenses vieron la creación de esta comisión. Véase Domenico Montanaro, "Despite The Facts, Trump Once Again Embraces Vaccine Skeptics", NPR, 10 de enero de 2017.

Disponible en http://www.npr.org/2017/01/10/509185540/despite-the-facts-trump-once-again-embraces-vaccine-skeptics. (Fecha de consulta: 2 de julio de 2017.)

[19] Jason Samenow, "Satellite temperature data, leaned on by climate change doubters, revised sharply upward", *The Washington Post*, 30 de junio de 2017. Disponible en https://www.washingtonpost.com/news/capital-weather-gang/wp/2017/06/30/corrected-satellite-data-show-30-percent-increase-in-global-warming-matching-surface-data. (Fecha de consulta: 2 de julio de 2017.)

[20] Brad Plumer y Coral Davenport, "E.P.A. to Give Dissenters a Voice on Climate, No Matter the Consensus", *The New York Times*, 30 de junio de 2017. Disponible en https://www.nytimes.com/2017/06/30/climate/scott-pruitt-climate-change-red-team.html?_r=0. (Fecha de consulta: 2 de julio de 2017.)

TERCERA PARTE

EN MÉXICO SE LLAMAN NOTICIAS

7

PERIODISMO MEXICANO, PERIODISMO PARA EL PODER

Hoy fue un día soleado.
Frase atribuida a Jacobo Zabludovsky,
2 de octubre de 1968[1]

El periodismo en México durante el siglo XX siguió una ruta paralela a la trazada por el Partido Revolucionario Institucional (PRI). El partido en el poder durante 71 años ininterrumpidos fue el responsable de moldear tanto gobierno como grupos asociados a él, capaz de distribuir poder y sentar el andamiaje para el funcionamiento de la vida pública mexicana. Desde sindicatos, cooptados gracias a prácticas corporativistas y prebendas a cambio de alianzas incuestionables, hasta medios de comunicación, en particular periódicos y televisión.

Telesistema mexicano, en el ámbito televisivo, fue el ejemplo más claro. Fundado en 1955 por un grupo de empresarios liderado por Emilio Azcárraga Vidaurreta, el consorcio de televisión abierta incluía los tres canales más importantes: 2, 4 y 5. La televisora cambió de nombre al que hoy conocemos a principios de la década de los setenta, y con Emilio Azcárraga Milmo, segundo en la dinastía y conocido como *el Tigre*, tuvo su mayor auge.[2]

111

Azcárraga Milmo, perfecto conocedor de la estrecha relación entre negocios, poder y política en México, se definió a sí mismo con una frase que todo mexicano recuerda: "soldado del PRI".[3] La televisión tomaba un partido abierto para garantizar la continuidad del modelo y negocio: con el PRI en el poder, el monopolio televisivo no peligraba. Con el monopolio televisivo, el PRI se mantenía en el poder. Era una simbiosis que beneficiaba a ambos a costa de uno de los valores básicos de la democracia: una prensa libre.

Los noticieros de Televisa, encabezados por Jacobo Zabludovsky a partir de 1970, eran en su mayoría obsecuentes con el poder. Rara era la ocasión en la que salían del guión preestablecido o daban espacio a noticias que incluyeran voces distintas a las aprobadas.

Quizá el único reducto de libertad —relativa— fue el primer canal de 24 horas de noticias en México, Noticias Eco, que inició transmisiones en 1988. Eco se enfocó en la cobertura de temas internacionales, aquellos que poco importaban al gobierno y población. Eco cerró sus puertas en 2001 debido a altos costos y baja audiencia,[4] y años más tarde su lugar lo asumió Foro TV, que permanece en operación.

Mientras tanto, el noticiero estrella de Televisa, *24 horas*, se mantuvo al aire durante décadas. Al ser la principal fuente de información en un país donde la tasa de alfabetización sigue sin llegar a 100% en pleno siglo XXI,[5] la televisión dictaba la agenda y era la barrera entre lo que el gobierno quería informar y lo que deseaba mantener escondido. En el caso de la así llamada Guerra Sucia, en la que disidentes políticos fueron torturados y desaparecidos, las noticias nunca llegaron a los mexicanos a través de su televisión.[6]

Para muchos habitantes del país el noticiero nocturno era su fuente primaria, incluso única de información, que daba un poder casi desmedido a Televisa, empresa dominante hasta la década de los ochenta, cuando se creó Imevisión, que posteriormente se convertiría en TV Azteca. Como una especie de ministerio de información simliar al que se describe en la obra *1984*, la verdad histórica era la que se pregonaba. No sólo no significaba infalibilidad, sino que dejaba más expuesto al canal, al conductor y al noticiero cuando cometían errores.

Así sucedió el 18 de enero de 1991, en un evento al día de hoy recordado en el imaginario mexicano como uno de los errores más grandes en la historia de la televisión. En ese entonces la primera guerra del Golfo se acercaba a su fin; concluiría un mes más tarde. Justo por eso, las hostilidades estaban en su cenit. Erika Vexler, reportera contratada por el departamento de noticias de Televisa, acababa de entrar en enlace con Jacobo Zabludovsky. Vexler, quien desde un inicio estaba nerviosa, emitía su reporte entre explosiones en la capital de Israel, Tel-Aviv, donde vivía. Al preguntarle Zabludovsky qué sucedía, emitió seis palabras que todo el que las oyó recuerda: "Es un ataque nuclear, Jacobo, ¡nuclear!" Zabludovsky, con más de 20 años al aire, intentó tranquilizar a la reportera y al auditorio. Aunque consiguió disipar las dudas, la frase jamás se olvidaría. Vexler jamás volvió a trabajar con Televisa.[7]

Conforme se acercó la transición democrática, Televisa acomodó piezas. En 1998 *24 Horas* cerró un ciclo de 28 años, y Zabludovsky fue remplazado por Guillermo Ortega. En el año 2000, en coincidencia con la alternancia en la presidencia, Joaquín López Dóriga tomó el noticiero nocturno y lo condujo hasta 2017.

Durante la primera década del siglo XXI, con los ajustes de conducción, Televisa modificó su contenido. Dio espacio a más mesas de debate e incluso abrió puertas a colaboradores que en otra época hubieran sido impensables. Entre ellos destacó Víctor Trujillo en su papel del payaso Brozo, cuyo programa *El Mañanero* llegó a tener incluso más público que el noticiero matutino del canal 2.[8]

Si bien es cierto que hoy en día el espacio en televisión abierta es más plural que antes, los meses previos a la campaña de 2012 y la cobertura subsecuente en su noticiero nocturno mostraron que la empresa aún era renuente a dejar las prácticas que tanto le sirvieron durante el siglo anterior.[9]

Al ser la única voz autorizada del régimen, Televisa tuvo el suficiente control para crear su propia realidad. La omisión de contenidos, la publicación de otros, el *spin* que se le daba a ciertas notas hacía que en realidad las *fake news* fueran una forma cotidiana de comunicación: el criterio editorial de la empresa, con un claro sesgo a favor del gobierno, hacían que *de facto* la cobertura careciera de legitimidad ante la gente que no confiaba en el PRI. Al día de hoy, muchos mexicanos, y muchos medios nacidos en la transición, ven en Televisa un ejemplo de lo que no quieren ser.

Esto también genera sus propios —y graves— problemas. En su deseo de ser medios diametralmente opuestos o combativos, han caído en la trampa de su crítica. Por ejemplo, el semanario *Proceso*, que el 26 de septiembre de 2015 publicó en portada una imagen alterada de un supuesto cheque que recibió Joaquín López Dóriga del Estado de México. El cheque, a simple vista, parece falso, pues tiene al menos cuatro tipografías distintas.

A pesar de que varios medios y periodistas le hicieron notar el error a la revista, ni ella ni el autor de la nota, Jenaro Villamil, se disculparon o retractaron el reportaje.[10] Al día de hoy se puede consultar, íntegro, en el archivo de *Proceso*.[11]

Otro gran medio por el cual el gobierno ejerció influencia sobre la información y la conversación pública fueron los periódicos. Por varios factores, el sistema nació torcido. Durante el sexenio de Lázaro Cárdenas, el gobierno creó PIPSA (Productora e Importadora de Papel, Sociedad Anónima), una entidad que monopolizaba la importación de papel y su distribución y venta.[12]

PIPSA era dueña de todo el papel en México, por lo que la publicación de un periódico estaba determinada por la empresa a la que debía comprar sus insumos, el Estado. Esto creó una relación de clientelismo: para asegurar la existencia de un diario, un semanario, incluso una revista mensual, se debía mantener buena relación con el gobierno, de lo contrario el papel dejaría de venderse.

Los diarios se replegaron respecto al tema del papel. Para 1989, cuando PIPSA mantenía su carácter monopólico, los representantes editoriales, al ser consultados por el presidente, Carlos Salinas de Gortari, en su mayoría votaron por la permenencia de PIPSA como proveedor público. Salinas argumentó que era necesario vender la empresa, pero la prensa intervino porque, desde su punto de vista, sería una carga buscar el papel o convertirse en productores.[13]

Los periódicos estaban acostumbrados a depender del gobierno, pero también a la publicidad: aunque los anuncios clasificados eran la principal fuente privada de ingresos, lo obtenido no era suficiente para mantener una circulación constante. El PRI, que buscaba mostrar al exterior que lo suyo no era la famosa "dictadura perfecta", se ofreció a subvencionarlos. El problema se creó en la relación, ya que el gobierno esperaba algo a cambio de las dádivas entregadas año con año. De ahí la famosa frase de José López Portillo el 7 de junio de 1982, en una irónica celebración del Día de la Libertad de Prensa. "No pago para que me peguen", fueron sus palabras.[14]

Esa cultura permeó en la redacción de los diarios más grandes del país. Los periodistas, atados por la relación entre sus jefes y el gobierno —aunque hubo sumisos que aceptaron el *chayote* o dinero a cambio de cobertura positiva—,[15] se convirtieron en amanuenses extraoficiales. Su trabajo era transcribir, palabra por palabra, boletines, declaraciones y discursos políticos.[16]

Décadas más tarde, los editores y periodistas que crecieron bajo el régimen, o bajo mentores que formaron parte de él, no sabían hacer otra cosa. Como muestra un estudio de José Merino publicado en 2014, las portadas de los principales diarios mexicanos ocupaban más de la mitad de su espacio en "dichos", entiéndase, boletines o declaraciones.[17] La transcripción se convirtió en costumbre.

Fueron pocos los casos durante el priismo que desafiaron la línea oficial. Los que destacaron fueron los liderados por Julio Scherer, *Excélsior* y *Proceso*. *Excélsior*, diario combativo, fue reventado por el gobierno de Luis Echeverría a través de la cooperativa interna del periódico en 1976.[18] *Excélsior* hoy es un periódico que pregona la línea oficial, al grado de que ha cometido gazapos importantes en aras de su cercanía gubernamental, como la portada del 16 de mayo de 2015. En la edición de ese día anunció con bombo y platillo que el lanzamiento del satélite *Centenario*, a bordo de un cohete ruso, fue un éxito total, cuando en realidad ocurrió todo lo contrario: cohete y satélite explotaron al poco tiempo de despegar.[19]

Proceso, por su parte, comenzó como la continuación del periodismo de investigación de Scherer y compañía. Pero los fundadores del semanario tenían claro que no se eternizarían en su dirección, 20 años serían suficientes.[20] A mediados de la década de los noventa cedieron la estafeta, y la revista dio tumbos hasta llegar a las manos de hoy, en las que la línea editorial antecede el rigor periodístico.[21]

En la década presente han surgido sitios de periodismo independiente, entre los que resaltan dos: *Animal Político* y *Sin Embargo*. *Animal Político* ha hecho investigaciones con consecuencias nacionales, como "Las empresas fantasma de Veracruz", que documentó el fraude de cientos de millones de pesos por parte de funcionarios del gobierno de Javier Duarte a empresas controladas por ellos, familiares o amigos. Gracias a esa investigación, la Procuraduría General de la República giró una orden de aprehensión contra Duarte.[22]

A pesar de ello, *Animal Político* no ha encontrado un modelo viable de financiamiento, y por ello mantiene una campaña permanente de fondeo a través de sus lectores.[23]

Por su parte, *Sin Embargo* ha logrado encauzar tráfico a su sitio de la misma manera que *Proceso*, publicando notas que no pueden leerse en otros lugares. Al igual que *Proceso*, ha tenido diversos resbalones que no ha corregido, sino que sólo ha eliminado de su página sin explicación alguna, o mantenido como nota a pesar de ser desmentidos.

En abril de 2013, por ejemplo, dieron como cierta una nota de sátira de *The New Yorker*, en la que se afirmaba que el pobre funcionamiento de la nueva versión de Windows estropeó el lanzamiento de un misil norcoreano.[24] En febrero de 2017 atribuyeron una cita falsa a Margarita Zavala, en la que supuestamente aseguraba que los mexicanos la comparaban a ella y a su esposo, el expresidente Felipe Calderón, con Michelle y Barack Obama. La nota fue modificada posteriormente, y las comillas atribuidas a Zavala fueron removidas. Hoy no existe ninguna mención en el texto sobre la modificación del titular o contenido. Margarita Zavala tuvo que desmentir la publicación para que fuera corregida.[25]

El nuevo periodismo mexicano, aunque difiere del anterior en cuanto a filiación, sigue la misma lógica que el viejo —con contadas excepciones—, pero por motivos distintos. El primero es, sin duda, la ideología de los responsables del contenido —lo que se conocería como línea editorial si estuviera delineada en las cartas editoriales, o las secciones de "Acerca de" de los sitios— y lo segundo es la así llamada "dictadura del clic", en la que la competencia por obtener mayor tráfico al sitio hace que se publique cualquier cosa. En el mejor de los casos la pregunta será si el contenido es relevante o aporta algo,[26] en el peor será si incluso es verdadero.

Mientras tanto, la idea de crear una comunidad mediática en la que el lector pague por contenido de calidad, o los anunciantes se acerquen por estar asociados con un nombre exitoso, es un sueño cada vez más fugaz. Más allá de los *memes*, el furor de la prensa mexicana del siglo XXI empuja a los lectores que consultan periódicos o sitios de internet a tener un sesgo de confirmación: sólo leo lo que confirme mis creencias. No importa si sea verdad o no.

En pleno auge de redes sociales, es mucho más fácil caer en este problema. Salir de él o resolverlo, por el contrario, es mucho más difícil.

NOTAS

[1] Según el académico especialista en medios Raúl Trejo, Zabludovsky conducía en los sesenta un noticiero vespertino. El 2 de octubre, fecha en la que el conductor de noticias supuestamente dijo esta frase, el noticiero inició a la misma hora de siempre; es decir, antes de que comenzara la matanza de Tlatelolco. Esto significaría que el famoso dicho no pudo ocurrir en el contexto que se le atribuye. Pero en el imaginario mexicano, Zabludovsky siempre será el periodista que representó al régimen priista, y esa frase era el ejemplo más claro. Véase Raúl Trejo: https://www.facebook.com/rtrejo/posts/506757839568, 2 de julio de 2015. (Fecha de consulta: 2 de julio de 2017.)

[2] En opinión del autor, la biografía más completa sobre Azcárraga Milmo, que además sirve para entender el contexto en el que funcionaba Televisa, es *El Tigre* de Claudia Fernández y Andrew Paxman, publicada por Grijalbo en 2000.

[3] Fernández y Paxman, *op. cit.*, posición 79 en edición de Kindle.

[4] Juan Jesús Aznarez, "Televisa cierra el canal de noticias Eco por su falta de rentabilidad", *El País*, 19 de abril de 2001. Disponible en http://elpais.com/diario/2001/04/19/sociedad/987631213_850215.html. (Fecha de consulta: 3 de julio de 2017.)

[5] *Analfabetismo*, INEGI, 2015. Disponible en http://cuentame.inegi.org.mx/poblacion/analfabeta.aspx?tema=P. (Fecha de consulta: 3 de julio de 2017.)

[6] Fernández y Paxman, *op. cit.*, posición 707.

[7] En uno de los grandes misterios de internet, no existe video alguno del enlace entre Zabludovsky y Vexler. A pesar de ello, Zabludovsky explicó en una entrevista a *Reporte Índigo* cómo es que sucedió. Véase *Reporte Índigo*, "Los méritos de Jacobo Zabludovsky", 30 de abril de 2013.

Disponible en https://www.youtube.com/watch?v=NF59C9i5OYM. (Fecha de consulta: 3 de julio de 2017.)

8 Arturo Cruz, "A una semana del cambio, *El Mañanero* va ganando *rating*", *La Jornada*, 10 de enero de 2002. Disponible en http://www.jornada.unam.mx/2002/01/10/07an1esp.html. (Fecha de consulta: 3 de julio de 2017.)

9 No existen cifras oficiales ni datos públicos sobre la cobertura noticiosa de Televisa del entonces gobernador del Estado de México, Enrique Peña Nieto. Pero si uno sintonizaba el noticiero entre 2010 y 2011, era común encontrar notas extensas en las que se mencionaba en repetidas ocasiones al gobernador y se mostraban los logros de su administración, cosa que no se hacía con ningún otro de los aspirantes presidenciales.

10 Juan Carlos Romero Puga, "Si los datos no nos apoyan (I)", *Letras Libres*, 9 de octubre de 2015. Disponible en http://www.letraslibres.com/mexico-espana/si-los-datos-no-nos-apoyan-i. (Fecha de consulta: 3 de julio de 2017.)

11 El texto permanece disponible en la siguiente liga: http://www.proceso.com.mx/416533/lopez-doriga-cuando-el-microfono-tiene-precio. (Fecha de consulta: 3 de julio de 2017.)

12 Armando Zacarías, "El papel del papel de PIPSA en los medios mexicanos de comunicación", *Comunicación y sociedad*, septiembre de 1995. Disponible en http://www.publicaciones.cucsh.udg.mx/pperiod/comsoc/pdf/25-26_1996/73-88.pdf. (Fecha de consulta: 4 de julio de 2017.)

13 Guillermo Zambrano, "El gobierno quería vender PIPSA, pero los editores dijeron 'no'", *Proceso*, 21 de octubre de 1989. Disponible en http://www.proceso.com.mx/153744/el-gobierno-queria-vender-pipsa-pero-los-editores-dijeron-no. (Fecha de consulta: 4 de julio de 2017.)

14 Redacción, "López Portillo en frases", *El Universal*, 18 de febrero de 2004. Disponible en http://archivo.eluniversal.com.mx/notas/204686.html. (Fecha de consulta: 4 de julio de 2017.)

15 Según Julio Scherer, el decano de la prensa independiente en el país, el término *chayote* fue acuñado durante el sexenio de Gustavo Díaz Ordaz: el día que se inauguró un sistema de riego en Tlaxcala, asesores del presidente se acercaron a los periodistas de la cobertura para entregarles bolsas con chayotes recién regados y dinero escondido. Véase Edgar Onofre, "La amistad en la nómina", *Replicante*, 12 de julio de 2010. Disponible en http://revistareplicante.com/la-amistad-en-la-nomina. (Fecha de consulta: 4 de julio de 2017.)

[16] Sallie Hughes, "Newsrooms in Conflict: Journalism and the Democratization of Mexico", *University of Pittsburgh Press*, Pittsburgh, 2006, p. 52.

[17] José Merino y Darío Ramírez, "Por sus portadas los conoceréis", *Nexos*, 1° de febrero de 2014. Disponible en http://www.nexos.com.mx/?p=18349. (Fecha de consulta: 4 de julio de 2017.)

[18] Al día de hoy, la mejor crónica de este negro episodio en el periodismo nacional es *Los periodistas* de Vicente Leñero.

[19] Una imagen de la portada puede verse en la siguiente liga: https://twitter.com/jtejado/status/599581929386545152. (Fecha de consulta: 4 de julio de 2017.)

[20] Carlos Puig, "Vicente Leñero. Lecciones de vida y periodismo", *Nexos*, 1 de enero de 2015. Disponible en http://www.nexos.com.mx/?p=23772. (Fecha de consulta: 4 de julio de 2017.)

[21] La versión en línea de la revista ha publicado notas sin fuentes o basadas en sátira que han tomado como verdad. En lugar de remplazar la nota con un desmentido, sólo la borran del sitio sin mayor explicación. En agosto de 2015, por ejemplo, retomaron una nota falsa en la que Edward Snowden supuestamente declaraba que Osama Bin Laden seguía vivo y vivía en las Bahamas. A las pocas horas el texto desapareció sin noticia alguna. Pero como sucede en internet, alguien tomó un pantallazo y el error se mantendrá para la posteridad. Véase *El Debate*, "Proceso borra nota de Edward Snowden", 30 de agosto de 2015. Disponible en https://www.debate.com.mx/mundo/Proceso-borra-nota-de-Edward-Snowden-20150830-0145.html. (Fecha de consulta: 4 de julio de 2017.)

[22] Debido a que las *fake news* pululan en todos lados, el actual gobernador de Veracruz, Miguel Ángel Yunes, se adjudica la detención de Duarte, cuando no tuvo nada que ver con ella. Véase https://twitter.com/CarlosLoret/status/879847010714759168. (Fecha de consulta: 4 de julio de 2017.) La investigación de Animal Político y todos sus textos subsecuentes está archivada en la siguiente liga: http://www.animalpolitico.com/tag/empresas-fantasma-de-veracruz. (Fecha de consulta: 4 de julio de 2017.)

[23] Para julio de 2017, Animal Político recibía poco más de 32 000 pesos mensuales a raíz de la campaña, cifra modesta si se compara con el presupuesto operativo de cualquier diario o sitio de noticias. Véase https://donadora.mx/projects/animalpolitico. (Fecha de consulta: 4 de julio de 2017.)

[24] La nota, del 13 de abril de 2015, sigue en pie en la siguiente dirección: http://www.sinembargo.mx/13-04-2013/587648. (Fecha de consulta: 4 de julio de 2017.) Como dato curioso, en el cuerpo puede leerse: "En su columna del 11 de abril para *The New Yorker*, el periodista Andy Borowitz afirmó que una prueba de lanzamiento de misiles fue pospuesta en dicho país por 'problemas con Windows 8'". Borowitz es responsable de la sección de humor de *The New Yorker*, cuyo gráfico que acompaña el espacio resalta la frase "Not the News" ("Éstas no son las noticias").

[25] Véase https://twitter.com/Mzavalagc/status/836593976681644037. (Fecha de consulta: 4 de julio de 2017.) Como dato curioso, el error en la nota se pudo evitar si su autor —parte de la redacción— hubiera revisado el discurso que dio Zavala ese día, donde *Sin Embargo* afirmaba que había hecho la mención de los Obama.

[26] Una de las notas más leídas en el sitio SDP Noticias (anteriormente conocido como *Sendero del Peje*) tiene como encabezado: "Aparece rostro de Jesucristo en el trasero de un perro". Por respeto al lector no se incluye liga al contenido. (Fecha de consulta: 4 de julio de 2017.)

8

INDIGNACIÓN, AUTOCONFIRMACIÓN Y TWITTER

Uno de los comentarios que más se escuchan en ciertos enclaves de la Ciudad de México y otras grandes metrópolis es que el advenimiento del internet y las redes sociales cambió la manera de hacer política en el país y la manera en que la sociedad se relaciona entre sí y su gobierno.

Esta afirmación depende de la penetración del internet en el país, dato que a ciencia cierta se desconoce. Las estimaciones más optimistas, que se presentaron a inicio del capítulo tres, dicen que 57% de los mexicanos, cerca de 72 millones, tiene algún tipo de acceso a la red (a 2015).[1] En 2012, según los mismos datos del gobierno, sólo 40 millones tenían acceso; es decir, hubo un salto de casi 80% en conectividad.

¿Qué hizo que en tan sólo tres años aumentara de manera tan directa esta cifra? Según la organización no gubernamental Red en Defensa de los Derechos Digitales (R3D, como se autodenomina), el cambio no fue un incremento, sino un ajuste en la metodología para medirlo.[2] Según Merino y Torres, se desconoce cuántas personas tienen acceso a internet, pero es posible estimar un rango entre 60.6 millones y 65 millones, es decir, un margen de 4.4 millones de personas.[3]

Casi la totalidad tiene una cuenta en Facebook,[4] y poco más de la mitad, cerca de 35 millones, tiene una en Twitter (2016).[5] Hay que pensar en dos factores: Facebook y Twitter miden números de usuarios activos como aquellos que se conectan a la red social por lo menos una vez al mes, mas no distinguen cantidad o tiempo de conexiones. La gama abarca personas que utilizan la aplicación sólo una vez cada 30 días —así sea por 30 segundos o tres horas— hasta los llamados *power users*, cuya conexión es perpetua pues la red siempre está activada en su celular.

En Twitter, cuyo principal punto de atracción es la inmediatez —se puede seguir casi cualquier cosa en tiempo real— los usuarios están más interesados en temas noticiosos o políticos. Esto tiene relación con el hecho de que los usuarios están involucrados en estos temas. En 2015, por ejemplo, The Poynter Institute, una escuela estadounidense dedicada al estudio del periodismo, publicó una nota en la que afirmaba que los usuarios verificados más activos en la red son los propios periodistas.

(Ser usuario verificado significa que Twitter reconoce que la persona detrás de la cuenta es quien dice que es; en general esta verificación se utiliza para personas de alto perfil público, en el caso de los periodistas se hace para darle mayor credibilidad a lo que comparten.)[6]

En pocas palabras, a pesar de que Twitter concentra cerca de la mitad de los usuarios de internet en México, no existen datos públicos sobre interacciones, tuits u otras métricas que puedan compartir qué actividad tiene.

Se pueden encontrar dos cosas. La primera, saber cuáles son las cuentas más populares de la red y el rubro al que pertenecen, para tener un acercamiento inicial a los intereses de los usuarios.

La segunda, seguir una noticia para comprender su viaje por la red social y ver, por una parte, qué tanto repercute dentro de ella y, por otra, si tiene efectos en el exterior.

En el primer caso, si uno revisa el top 20 de mexicanos con mayores seguidores, encontrará que sólo cuatro son periodistas. (En realidad son tres, puesto que dos de las cuentas pertenecen a Carmen Aristegui.) Del resto, sólo una es de un político, el presidente de la República. Las otras 15 pertenecen a rubros de entretenimiento, música o *youtubers*. Ninguna de las 20 cuentas es de un medio de información,[7] aunque vale la pena resaltar que Joaquín López Dóriga, Carlos Loret de Mola y Carmen Aristegui utilizan las suyas como si lo fueran: en el caso de Aristegui y López Dóriga la mayoría de sus tuits son ligas a notas en su sitio, en el caso de Loret los mismos tuits funcionan como alertas noticiosas.

Al parecer, los usuarios confían más en las personas que trabajan en medios que en los medios mismos, ya que prefieren recibir las noticias de primera mano —López Dóriga y Loret, al ser las principales caras de Televisa desde hace tiempo, son quienes obtienen las principales exclusivas nacionales— y no a través de otra plataforma. En el caso de Aristegui su popularidad se debe a la reputación de ser una periodista que enfrenta al sistema.[8] Puede verse, entonces, una polarización clara entre los usuarios.

En el segundo podemos ver cómo circula lo que en España se conoce como *bulo*, y en Estados Unidos como *fake news*. En México, como tal, no existe un término coloquial para nombrar una noticia falsa.

Hablemos, pues, de una pequeña controversia que sucedió a principios de 2017: el caso Pilcaya.

La mañana del 4 de abril las redes amanecieron con una nota caliente. Según la cuenta oficial de Azteca Noticias (@aztecanoticias) un automóvil Aston Martin chocó durante la madrugada contra otro automóvil. El tuit, de menos de 140 caracteres, daba otro dato importante: el coche pertenecía al alcalde del municipio de Pilcaya, en Guerrero. Al tuit lo acompañaba una fotografía del automóvil, destrozado en la parte delantera. No tenía fuente, no compartía la referencia. Ciento treinta y dos personas compartieron el mensaje. Eran las 9:35 de la mañana.[9] Unos cuantos tuits, quejándose de que el alcalde fuera dueño de un auto tan lujoso, circularon en las horas siguientes.

Para las 2:30 de la tarde, Ezequiel Flores, corresponsal de la revista *Proceso* en Guerrero, tenía más detalles. La misma fotografía que Azteca Noticias, así como otra del coche que fue la víctima y una más que mostraba el permiso bajo el cual circulaba el Aston Martin, y que, efectivamente, estaba sellado por la autoridad del municipio de Pilcaya. Asimismo, Flores trajo otro dato a la mesa: el Aston Martin estaba valuado en seis millones de pesos. Setenta y siete personas compartieron el tuit.[10]

A las 3:05, *El Sol de Acapulco*, bajo la etiqueta "#VistoEnRedes", afirmó que el coche valía 4.5 millones de pesos. Sin citar fuentes, repetía que el conductor era el alcalde. La noticia viajó de la Ciudad de México a Guerrero.[11]

A las 3:26, Flores escribió una nota al respecto. La nota agregaba más información, aunque sin fuentes. En el cuerpo se podía leer: "trascendió que el conductor del Aston Martín que se retiró del lugar tras el accidente, es el actual alcalde priista de Pilcaya, Ellery Guadalupe Figueroa Macedo, quien el año pasado declaró públicamente que heredó una administración en quiebra financiera".[12] La segunda parte del párrafo era cierta: Figueroa declaró esta información. La primera sólo quedaba en un *trascendido*, o rumor.

Un minuto más tarde, Radio Fórmula publicó información muy similar a la de Flores, pero la atribuyó a Joaquín López Dóriga.[13]

A las 4:00 de la tarde en punto, la noticia explotó. La cuenta de Twitter de *Proceso*, con 4.36 millones de seguidores, compartió la nota de Flores. Ochocientas treinta y nueve personas la replicaron, 364 la guardaron y 273 hicieron comentarios directos o menciones a la cuenta de la revista.[14]

A las 4:07, Ricardo Mejía, coordinador de la bancada de Movimiento Ciudadano en el Congreso de Guerrero, compartía la nota con otra fuente: la agencia Quadratín. La fuente de Quadratín era "un reporte".[15]

A las 4:22, Javier López Díaz, conductor de radio en Estados Unidos con 643 000 seguidores recogió el reporte de *Proceso*.[16] A las 4:28 MVS Radio tenía su propia nota, y agregaba que "de acuerdo con testigos", el alcalde se dio a la fuga.[17] A las 4:40, sin citar fuentes o notas, Óscar Mario Beteta, con 93 400 seguidores, difundió una versión similar.[18]

A las 4:43, el periodista chilpancingueño Federico Sariñana tuiteó: "IMPORTANTE: Aston Martin abandonado en CDMX NO es del alcalde de Pilcaya. En un momento más información…" Sólo dos personas compartieron el tuit.[19]

En cambio, la noticia de *Proceso* y demás medios corrió como pólvora. A las 5:04, la cuenta verificada de *Anonymous Hispano* tenía su propia versión, firmada por Staff y que citaba el mismo reporte anónimo que las previas.[20] Poco después diversos tuiteros compartieron estadísticas del municipio: 25% de población en pobreza extrema, 73% de pobreza. La historia era perfecta para la indignación: un político corrupto que roba a los pobres.

A las 6:19, la cuenta @AutosyMAS, con casi 100 000 seguidores, bautizó al alcalde como #LordAstonMartin, y pedía retuits para difundir la nota.[21] A los 10 minutos el municipio emitió un comunicado con faltas de ortografía para negar que el alcalde fuera el conductor.[22] El alcalde por su parte se enlazó por radio al programa de Carlos Loret y dijo que si se comprobaba que el coche era suyo, renunciaría.[23]

. A pesar del comunicado y las entrevistas —el alcalde haría ronda telefónica por los principales medios y noticieros del país esa noche—, la noticia se continuó regando. Al día siguiente, Alejandro Martí lo usaba de ejemplo de la corrupción nacional, y cifraba el costo del coche en casi seis millones de pesos.[24] Fernanda Familiar, con 852 000 seguidores, escribió a las 12:09, más de 24 horas después de la primera nota: "¿Qué tal el Aston Martin con permiso a nombre del alcalde de Pilcaya, Guerrero, que chocó ayer en la madrugada? ¡Dicen que cuesta 6.5 mdp!" Cerró con un "dicen".[25]

Días más tarde, cuando la controversia —por no decir desinformación— disminuyó, un par de medios publicaron versiones más complejas y plausibles. En efecto el automóvil no pertenecía al alcalde, sino a un ciudadano privado. Tenía permiso de Pilcaya porque el municipio, para enfrentar la quiebra que vivía, encontró un negocio lucrativo: venta de permisos temporales a agencias de ventas de coches. Según explicó el propio alcalde, el municipio emite un permiso temporal de 30 días en 205 pesos. Esos permisos se otorgan a gestores, que a su vez hacen negocio y los revenden a las agencias automotrices, quienes por su parte incrementan el precio al comprador final.[26]

El 6 de abril, *Proceso*, que mantuvo la nota original en su sitio, presentaba una nueva, que aseguraba que en Pilcaya operaba una red de corrupción en la emisión de dichos permisos. La prueba de la supuesta corrupción era el pantallazo de un *post* de Facebook en el que una persona promocionaba servicios de gestoría para obtener permisos de circulación. La revista nunca desmintió su nota original, responsable de un revuelo en redes que llegó incluso al Twitter del corresponsal de uno de los periódicos más importantes del mundo.[27]

Para el 8 de abril, *Anonymous Hispano* compartió la nota como una de las más leídas de su sitio, a pesar de ser desmentida. Otros, como ADN 40, entonces llamado Proyecto 40, reformuló la nota en condicional, técnica periodística mexicana para no asumir responsabilidad. El tuit decía "El #AstonMartin que se estrelló en la CDMX, *podría* pertenecer al alcalde de #Pilcaya, Guerrero" (las cursivas son mías).[28]

Para el 9 de abril los tuits sobre el alcalde disminuyeron notablemente, y para el 11 no hubo uno solo. La indignación duró cuatro días y después cayó en el olvido.

Mientras tanto, si alguien usa hoy la palabra "Pilcaya", el primer recuerdo que evocará, en caso de que todavía exista la memoria, será un Aston Martin chocado, propiedad del alcalde que se hizo rico a costa de un municipio pobre.

129

Notas

[1] El total de la población mexicana es un estimado basado en datos del Banco Mundial. Véase https://www.google.com.mx/publicdata/explo re?ds=d5bncppjof8f9_&met_y=sp_pop_totl&idim=country:MEX: CAN: BRA&hl=en&dl=en, actualizado al 27 de abril de 2017. (Fecha de consulta: 5 de julio de 2017.)

[2] Juan Ortiz Freuler, "El estirón de México conectado: ¿cuánto creció realmente el número de usuarios de Internet en 2015?", *R3D*, 17 de marzo de 2017. Disponible en https://r3d.mx/2017/03/12/el-estiron-de-mexico-conectado-cuanto-crecio-realmente-el-numero-de-usua rios-de-internet-en-2015. (Fecha de consulta: 5 de julio de 2017.)

[3] José Merino y Marisol Torres, "¿Cuántos usuarios de internet hay en México?", *Horizontal*, 27 de junio de 2017. Disponible en http://hori zontal.mx/cuantos-usuarios-de-internet-hay-en-mexico. (Fecha de consulta: 5 de julio de 2017.)

[4] Estos números son difíciles de medir, pues Facebook cuenta usuarios, pero no distingue si un usuario tiene una o más cuentas.

[5] Notimex, "Twitter tiene 35.3 millones de usuarios en México", *El Universal*, 16 de marzo de 2016. Disponible en http://www.eluniversal. com.mx/articulo/cartera/negocios/2016/03/16/twitter-tiene-353-millo nes-de-usuarios-en-mexico. (Fecha de consulta: 5 de julio de 2017.)

[6] Véase Benjamin Mullin, "Report: Journalists are largest, most active verified group on Twitter", *Poynter*, 26 de mayo de 2015. Disponible en https://www.poynter.org/2015/report-journalists-are-largest-most-active-group-on-twitter/346957. (Fecha de consulta: 5 de julio de 2017.)

[7] Los datos para esta afirmación provienen del algoritmo de la página *Twitter México*. Aunque es una página no oficial, el contador automatizado de usuarios corresponde a los datos que presenta la propia red social. Véase www.twitter-mexico.com. (Fecha de consulta: 5 de julio de 2017.)

[8] Aunque no existen pruebas irrefutables, Aristegui y su equipo sugieren en su libro *La casa blanca de Peña Nieto* que el motivo de su despido de MVS Radio tras la publicación de este reportaje fue presión gubernamental. Véase el prólogo escrito por ella en Daniel Lizárraga, Rafael Cabrera, Irving Huerta y Sebastián Barragán, "La Casa Blanca de Peña Nieto", Grijalbo, 2015.

[9] El siguiente análisis se hizo a partir de la función de búsqueda avanzada en Twitter. El primer tuit que aparece con mención de Pilcaya el 4

de abril, día del choque, corresponde a Azteca Noticias. El tuit puede ser visto en la siguiente liga: https://twitter.com/AztecaNoticias/status/849269202234077184. (Fecha de consulta: 5 de julio de 2017.)

[10] Disponible en https://twitter.com/EzequielFloresC/status/849343513238089731. (Fecha de consulta: 5 de julio de 2017.)

[11] Disponible en https://twitter.com/elsoldeAca/status/849352329849692160. (Fecha de consulta: 5 de julio de 2017.)

[12] Ezequiel Flores Contreras, "Alcalde de Pilcaya, Guerrero, choca su auto Aston Martin de casi ¡seis millones de pesos!", *Proceso*, 4 de abril de 2017. Disponible en http://www.proceso.com.mx/480871/alcalde-pilcaya-guerrero-choca-auto-aston-martin-casi-seis-millones-pesos. (Fecha de consulta: 5 de julio de 2017.)

[13] Disponible en https://twitter.com/Radio_Formula/status/849357824165629952. (Fecha de consulta: 5 de julio de 2017.)

[14] Disponible en https://twitter.com/revistaproceso/status/849366032011730948. (Fecha de consulta: 5 de julio de 2017.)

[15] Disponible en https://twitter.com/RicardoMeb/status/849367958786904064. (Fecha de consulta: 5 de julio de 2017.)

[16] Disponible en https://twitter.com/JavierLopezDiaz/status/849371587426095105. (Fecha de consulta: 5 de julio de 2017.)

[17] Juan Carlos Alarcón López, "Choca alcalde de Pilcaya, Guerrero en vehículo valuado en 4.5 mdp", *MVS Noticias*, 4 de abril de 2017. Disponible en http://www.noticiasmvs.com/#!/noticias/alcalde-de-pilcaya-guerrero-choca-su-aston-martin-en-cdmx-894. (Fecha de consulta: 5 de julio de 2017.)

[18] Disponible en https://twitter.com/MarioBeteta/status/849376243732672512. (Fecha de consulta: 5 de julio de 2017.)

[19] Disponible en https://twitter.com/PikoSarinana/status/849376961537462276. (Fecha de consulta: 5 de julio de 2017.)

[20] Disponible en https://twitter.com/anonopshispano/status/849382069184737281. (Fecha de consulta: 5 de julio de 2017.)

[21] Disponible en https://twitter.com/AutosyMas/status/849401090546249735. (Fecha de consulta: 5 de julio de 2017.)

[22] En el comunicado también se amenazaba con demandar a quienes difundieran o hubieran difundido que el alcalde era el dueño del vehículo. El documento puede ser consultado en https://twitter.com/PikoSarinana/status/849404727230160900. (Fecha de consulta: 5 de julio de 2017.)

[23] Radio Fórmula, "Si comprueban que el Aston Martin accidentado es mío, renuncio: alcalde de Pilcaya. Con Loret de Mola", 4 de abril de 2017. Disponible en http://www.radioformula.com.mx/notas.asp?Id n=674346&idFC=2017&utm_source=dlvr.it&utm_medium=twitter. (Fecha de consulta: 5 de julio de 2017.)

[24] Disponible en https://twitter.com/Alejandro_Marti/status/849623904 029224960. (Fecha de consulta: 5 de julio de 2017.)

[25] Disponible en https://twitter.com/qtf/status/849670315366129664. (Fecha de consulta: 5 de julio de 2017.)

[26] Gerardo Jiménez, "Pilcaya, Guerrero; al mes, cinco mil permisos", *Excélsior*, 10 de abril de 2017. Disponible en http://www.excelsior.com. mx/comunidad/2017/04/10/1156905. (Fecha de consulta: 5 de julio de 2017.)

[27] Ezequiel Flores Contreras, "Caso del Aston Martin destapa red de corrupción en Guerrero", http://www.proceso.com.mx/481272/caso-del-as ton-martin-destapa-red-corrupcion-en-guerrero. (Fecha de consulta: 5 de julio de 2017.) Respecto al corresponsal, véase https://twitter.com/ davidluhnow/status/849386052418760705. (Fecha de consulta: 5 de julio de 2017.)

[28] Disponible en https://twitter.com/adn40mx/status/8497522762017 66913. (Fecha de consulta: 5 de julio de 2017.)

9

¿NOS IMPORTAN LAS NOTICIAS?

México es un país opaco, eso no es novedad. Desde un gobierno que siempre se tapa las espaldas,[1] hasta negocios privados que no emiten facturas a pesar de estar obligados por ley a hacerlo.

A la mitad de esto están los medios de comunicación, que son igual de opacos que el resto del país, a pesar de que su línea de trabajo debe involucrar la transparencia. Las estaciones de radio y televisión, por un lado, no hacen públicos sus datos de *rating*, y cuando lo hacen es a través de anuncios de planas enteras en diarios, que no revelan metodología de comparación, pero que siempre las muestran en primer lugar en todas las categorías. Si uno aceptara tal cual estos anuncios como información, estaría obligado a concluir que todas las estaciones de radio y televisión son las más escuchadas y vistas en el país.[2]

En cuanto a periódicos y revistas se refiere, la Secretaría de Gobernación cuenta con un padrón oficial en el que se registra la circulación de cada empresa. El llamado Padrón Nacional de Medios Impresos se define a sí mismo como "una herramienta" que sirve para encontrar "los periódicos, revistas, encartes y suplementos, etc., que de manera *voluntaria* [las cursivas son mías] se registran para certificar los lugares o regiones donde se distribuyen; las personas que los leen y el número de ejemplares que circulan periódicamente en cada localidad".[3]

La palabra clave es "voluntaria": nadie los obliga a dar información, mucho menos a dar información fidedigna. Y así debería ser, ningún gobierno debería obligar a un medio a cumplir con ciertos requisitos para poder existir. No obstante, en México, como es costumbre, la regla está hecha para no cumplirse.

Aunque los medios reportan tirajes sorprendentes, dignos de un país lector y amante de la información, la realidad es muy distinta. Son tres motivos: el primero, la cantidad de ejemplares impresos no es comprobable.[4] El segundo, porque se desconoce cuántos de esos ejemplares se devuelven o permanecen en bodegas. Y el tercero, porque los periódicos distribuyen la mayoría de sus ejemplares en las tres ciudades más grandes: Ciudad de México, Guadalajara y Monterrey. De estas tres, la capital es de lejos la que más ejemplares recibe.[5]

En ese sentido, no se puede hablar de una prensa en verdad nacional, pues menos de la mitad de los estados de la República reciben los diarios de la Ciudad de México. Incluso en sus versiones de internet, los medios que se autodenominan nacionales se enfocan en su mayoría en política o lo que sucede en la capital; todo lo demás queda relegado a una pestaña que genéricamente se llama "estados", donde se aglomeran las otras 31 entidades.[6]

A esto hay que agregar el contenido de los noticieros y los periódicos, que como se dijo, se compone más de "dichos" que de "hechos". En los noticieros es costumbre transmitir fragmentos de discursos políticos y contextualizarlos con algunos datos básicos, como dónde fueron emitidos y ante quién. En prensa escrita es todavía más barroco: los así llamados "trascendidos" pueden resultar indescifrables para quien no sea miembro de la clase política, la prensa o sea un simple adicto a las noticias.

Los trascendidos son comunicaciones entre políticos o mensajes dentro de ciertos círculos, elaborados con frases como "se comenta" o "se dice", que en ocasiones revelan lo que se piensa en el interior de ciertas dependencias gubernamentales, o lo que se quiere que se piense que sucede. En algunos casos pueden ser tan confusos que el propio periódico puede tropezar al publicarlos.

Tal es el caso de la sección "Bajo Reserva" de *El Universal*, que se describe como "elaborada con aportaciones de periodistas y colaboradores de *El Universal* previamente verificadas". El 29 de septiembre de 2016, "Bajo Reserva" publicó:

Eventogate, el nuevo escándalo. En distintos edificios del gobierno federal corre la versión de que se cocina un nuevo escándalo para la administración del presidente Enrique Peña Nieto, ahora relacionado con la contratación de empresas para organizar eventos. Nos explican que el expediente, al que ahora llaman *eventogate*, involucra a un cuarteto de empresas con contratos millonarios adjudicados sin licitación de por medio. Y señalan, entre otras, a una persona que supuestamente maneja las contrataciones desde Los Pinos: Adriana Rivera, hermana de la primera dama. Pero hay un dato que puede ser el hilo conductor: son las mismas compañías señaladas por la Auditoría Superior de la Federación por su participación poco transparente en la organización de los festejos del Bicentenario, beneficiadas en su momento por funcionarios y vocer@s del gobierno calderonista. Así que puede ir usted preparando la butaca para observar este nuevo episodio, nos comentan.[7]

24 horas después, la misma columna publicó lo siguiente:

Ataque a Angélica Rivera. En el entorno de la primera dama se vio como un golpe sin fundamento la versión de que su hermana Adriana ha participado en la contratación de cuatro empresas para la realización de eventos, ahora denominado *eventogate*. Las voces que esparcen la versión de jugosos contratos por adjudicación directa quieren generar conflictos y sembrar en la opinión pública desconfianza y desaprobación hacia el gobierno federal, nos dicen. Los enemigos no tienen ninguna constancia para acusar o señalar a alguien de cometer un delito y los cibernautas de costumbre se perfilan de nueva cuenta para atacarla. El problema es que esta lucha en contra de doña Angélica se ha convertido en una situación cíclica. La gran incógnita es hasta cuándo se cansarán de agredir sin justificación a la familia presidencial, nos comentan.[8]

Lo curioso es que si se busca en los registros de la prensa nacional o en internet, la primera nota que hace mención es el trascendido de *El Universal*. Nadie más comentó la existencia de este tema. En pocas palabras: *El Universal* inventó y limpió un escándalo en 24 horas.

Parecería que a los medios —no a todos, pero sí a muchos—, no les importan las noticias. Les importa transmitir mensajes y quedar bien con quien los emite mientras *malabarean* rumores contradictorios.

La siguiente pregunta obligada debe ser si a los lectores les importa la información. O más bien, si les importa lo que los medios mexicanos entienden como información, una sutil diferencia.

Para eso existe el Molec, el Módulo sobre lectura que levanta el INEGI tres veces al año desde 2015. El Molec pregunta a mexicanos mayores de 18 años sobre sus hábitos de lectura, desde entretenimiento hasta noticias.

Al momento de escribir estas líneas los últimos resultados disponibles son los de febrero de 2017. Una abrumadora mayoría de mexicanos no lee ni periódicos ni revistas. Según el Molec, 57% de los mayores de 18 años en el país no leyó un solo periódico la semana anterior a la pregunta, y 63% no leyó una sola revista en los tres meses previos.

Los que sí leyeron revistas, lo hicieron en publicaciones prestadas o regaladas; en cuanto a periódicos se refiere, la mayoría los compró. Pero sólo uno o dos, a lo mucho tres. Esto quiere decir que, de los mexicanos que leyeron periódicos, no lo hicieron diario, lo hicieron a lo sumo tres veces por semana. En cuanto a formato, la abrumadora mayoría lo hizo en impreso (34% para revistas contra 2% digital; 39% para periódicos contra 3.53% digital).[9]

Los mexicanos leen poco, no están informados y quienes sí están interesados prefieren no pagar por la lectura y hacerlo en un formato viejo. Se infiere que los medios tienen varios problemas importantes: falta de lectores, falta de lectores que quieran pagar por leer y falta de lectores que quieran mudar al mundo digital.

Los incentivos para un gran cambio a favor del periodismo y en contra del oficialismo son casi nulos. La gente no lee y los periódicos y revistas están contentos, pues los lectores no son su negocio. Los medios no quieren deberse a sus lectores porque viven bien sin ellos. Mientras reciban contratos millonarios, no intentarán otro tipo de periodismo. Si se diera, y en verdad decidieran escribir para captar lectores y no políticos, queda la duda de si habría un respaldo por parte de la sociedad. Ese respaldo sería fundamental, puesto que la transición a un modelo distinto cobraría varias víctimas. (Lo cual, dada la calidad de muchos medios, no sería una gran pérdida, si somos honestos.)

Si el modelo cambiara, le cargaría la mano a los trabajadores de la redacción, que de por sí ya sufren con grandes cargas de trabajo y míseros sueldos. Sus plazas se recortan continuamente, y las que se mantienen reciben la responsabilidad de las desaparecidas, todo por el mismo sueldo.[10]

El panorama actual de la prensa mexicana es tan desolador —sin contar la falta de protección para realizar el trabajo, así como la violencia irredenta que ha causado la muerte de más de 100 periodistas desde el año 2000, tema que amerita un libro entero aparte—; ningún dueño o directivo quiere moverse porque el negocio funciona como está, salvo por el pequeño detalle de que la prensa mexicana, en su mayoría, no cumple con su principal objetivo: informar.

El problema, además de la falta de lectura en México, es la calidad que se consume. Lo mismo sucede con la televisión: tras estar acostumbrados a décadas de información oficial transmitida por noticieros sin espacio para otros puntos de vista o periodismo, cualquier cambio será tardado.

Mientras tanto, los trascendidos, los *copypaste* de sitios de sátira interpretados como verdad y las notas desmentidas pero mantenidas o alteradas sin previo aviso serán parte del día a día de un periodismo en verdad valioso.

Aun así es posible argumentar que la profesionalización es sólo parte del problema para combatir las *fake news*. Por más que las redacciones funcionen y se mantengan en el nivel de imprecisiones y no mentiras, el público es difícil de convencer. Los hábitos de lectura son parte importante, pero Facebook ha cambiado la manera en que se consume información.

En tiempos en los que la prensa impresa dominaba, el lector tenía que esforzarse por tenerla. Ya fuera suscribiéndose a un periódico o comprándolo en un puesto. Pero era él quien debía llegar a la noticia, no la noticia a él. Ahora, en cambio, las redes sociales han volteado el modelo. En Facebook no es necesario esforzarse ni para discriminar la información; ésta llega a través de nuestros seres cercanos, de quienes más confiamos. Salvo un juicio de valor sobre la persona que comparte una nota ("Ah, éste es mi tío Fulanito el que cree que a Colosio lo mató la CIA"), en los demás uno tiende a confiar como un acto de fe. Es una mezcla del concepto de "razonamiento motivado" del que se habló en el capítulo 2, así como de uno aún más primitivo: la confianza en los seres cercanos.

El efecto puede ser incluso más potente de lo que uno piensa. Si se recibe información de una persona en la que se confía, y la información es falsa, el cerebro humano disputa la aclaración a través de un mecanismo de memoria falsa. Utiliza lo que dice una persona en la que confía para reforzar su creencia o suplantar la aclaración. El cerebro se niega a aceptar algo que lo contradiga o gente en la que confía.[11]

A esto hay que agregar que internet crea un sentido de falsa *expertise*, en el que el usuario, al tener acceso irrestricto a un cúmulo casi interminable de información, se siente más experto que alguien especializado en la materia.[12] Esto sucedió, por ejemplo, con la teoría de que los cuerpos de 43 estudiantes fueron incinerados en un basurero en Cocula, Guerrero. Durante meses internet se llenó de personas que aseguraban entender conceptos tan complejos como la termodinámica, y que podían desmentir, con tan sólo ver fotos de un sitio, a personas que llevaban varias décadas realizando peritajes de incendios.[13]

También está el otro lado de la moneda. En un ensayo titulado "El botón de 'me gusta' arruinó internet", James Somers argumenta que los autores y editores moldean sus textos conforme a la retroalimentación que reciben en redes sociales. Para ello no hay mejor herramienta que el botón de "me gusta". Si los medios comienzan a guiarse en exclusiva por el "me gusta" no sólo terminarán creando contenido casi uniforme, dice Somers. No por nada las redacciones incorporan a "editores de métricas" o puestos similares, cuyo único propósito es analizar el desempeño de un texto en la red.[14]

Las noticias se tratan como producto y no como información. Es por eso que a lo que producen algunos medios en la actualidad se le llama *content*, "contenido", y no noticia. Porque es un producto para un cliente que desea recibir algo digerible y rápido, y lo quiere sin mayor esfuerzo.

Algunos dicen que la industria de la información corre peligro, pues sólo dos empresas, un duopolio mundial, tienen control de la llave que envía la información del proveedor al receptor: Facebook y Google.

NOTAS

[1] Durante el proceso de escritura de este libro, el comité coordinador del nuevo Sistema Nacional Anticorrupción votó por no pedir información al gobierno sobre el documentado espionaje a miembros de la sociedad civil. Entre quienes votaron en contra estuvo el presidente del Instituto Nacional de Transparencia, Acceso a la Información y Protección de Datos Personales, así como la secretaria de la Función Pública, cuyo cargo previo fue de procuradora general de la república. La secretaria no sólo no se excusó de votar a pesar de que era juez y parte en el asunto, sino que ni siquiera justificó su voto. Véase Omar Brito, "Sistema Anticorrupción rechaza pedir información sobre 'Pegasus'", *Milenio*, 3 de julio de 2017. Disponible en http://www.milenio.com/politica/sna-espionaje-periodistas-pegasus-arely_gomez-pgr-malware-milenio-noticias_0_986301510.html. (Fecha de consulta: 6 de julio de 2017.)

[2] Estos anuncios aparecen de manera periódica y en general muestran, en tipografía grande, un agradecimiento al público por hacer de la cadena o estación el primer lugar en su rubro.

[3] Tomado de la página de inicio del Padrón. Disponible en http://pnmi.segob.gob.mx. (Fecha de consulta: 6 de julio de 2017.)

[4] Es un secreto dentro de la industria que los números del padrón están inflados; lo mismo sucede con los números de visitas a los sitios web.

[5] Véanse por ejemplo los datos reportados por *El Universal* al Padrón. Bajo el supuesto de que sean ciertos, la distribución es la siguiente: 115 990 ejemplares tirados por día, de los cuales 80 860 son repartidos en la Ciudad de México; es decir, casi 70% circula en la capital. El resto circula en sólo 10 estados, a pesar de que el lema del periódico es "El gran diario de México". Datos tomados del Padrón Nacional de Medios Impresos. Disponibles en http://pnmi.segob.gob.mx/PNMP_resultadosmi2.php?i dr=2228&medio=3. (Fecha de consulta: 6 de julio de 2017.)

[6] Con la radio sucede lo mismo. Como anécdota, un amigo originario de León dice que conoció la Ciudad de México a través de los reportes de tránsito que se repetían en las estaciones locales; tan ignorado es el resto de la República por la Ciudad de México que hasta eso mandaban a las repetidoras locales.

[7] Bajo Reserva, "Eventogate, el nuevo escándalo", *El Universal*, 29 de septiembre de 2016. Disponible en http://www.eluniversal.com.mx/

entrada-de-opinion/columna/bajo-reserva-periodistas-el-universal/na cion/2016/09/29/eventogate-el. (Fecha de consulta: 6 de julio de 2017.)

[8] Bajo Reserva, "Ataque a Angélica Rivera", *El Universal*, 30 de septiembre de 2016. Disponible en http://www.eluniversal.com.mx/entrada-de-opinion/columna/bajo-reserva-periodistas-el-universal/nacion/2016/09/30/ataque-angelica. (Fecha de consulta: 6 de julio de 2017.)

[9] INEGI, Molec, febrero de 2017. Disponible en http://www.beta.inegi.org.mx/proyectos/enchogares/modulos/molec. (Fecha de consulta: 6 de julio de 2017.) El autor agradece a Data4 (www.data4.mx) por desagregar los datos del módulo.

[10] Una vez más, no existen estadísticas oficiales, pero dentro de las redacciones es de todos conocido que los sueldos de editores y reporteros son sumamente bajos, mientras que los de los columnistas y directivos son dignos de industrias privadas que operan en números negros.

[11] Brian Resnick, "2016 didn't just give us 'fake news.' It likely gave us false memories", *Vox*, 22 de marzo de 2017. Disponible en https://www.vox.com/science-and-health/2017/3/22/14960792/false-memory-psychology. (Fecha de consulta: 7 de julio de 2017.)

[12] Georgina Kenyon, "The Man Who Studies the Spread of Ignorance", BBC, 6 de enero de 2016. Disponible en http://www.bbc.com/future/story/20160105-the-man-who-studies-the-spread-of-ignorance. (Fecha de consulta: 7 de julio de 2017.)

[13] Experiencia propia del autor tras la publicación de *La noche más triste*, en particular tras la entrevista a John DeHaan, el mayor experto en escenas de crimen en incendios en Estados Unidos.

[14] James Somers, "The Like Button Ruined the Internet", *The Atlantic*, 21 de marzo de 2017. Disponible en https://www.theatlantic.com/technology/archive/2017/03/how-the-like-button-ruined-the-internet/519795. (Fecha de consulta: 7 de julio de 2017.)

10

LA DISTOPÍA YA ES REAL

El modelo operativo de los medios hoy en día —excepto los mexicanos, que salvo un manojo de casos viven de publicidad gubernamental— tiene dos vertientes. Una es el mecenazgo de los multimillonarios, como Jeff Bezos, creador de Amazon y desde 2013 dueño de *The Washington Post*. Bezos, desde un inicio prometió inyectar dinero y recursos a la redacción, así como dar total independencia editorial, algo pocas veces respetado.[1]

El resultado de la inversión de Bezos ha sido notable: el *Post* se ha hecho de varios premios Pulitzer desde su llegada y el tráfico al sitio ha aumentado, al grado de que la cantidad de visitas se equipara con *The New York Times*, el estándar periodístico de Estados Unidos y quizá del mundo. Más importante aún es el hecho de que Bezos ha respetado por completo el funcionamiento interno de la redacción, por lo que el periódico no ha caído en trampas como el *clickbait*, o artículos diseñados para atraer lectores porque sí, sin ofrecerles nada valioso a cambio. Esto ha hecho que el *NYT* y el *WaPo* peleen por lectores gracias a la calidad de sus investigaciones, en particular sobre el gobierno de Donald Trump.[2]

Para quienes no disponen de un mecenas desinteresado, el camino es mucho más difícil. Los periódicos que vivían de los recursos obtenidos de anuncios clasificados —ésa era la mayor parte del ingreso, seguida de anuncios de compañías y luego de suscripciones— perdieron esa fuente de ingresos con la llegada del internet, por dos importantes motivos.

El primero: anunciarse en internet es casi gratuito. Las páginas y servicios de anuncios cobran una cantidad ínfima a comparación de lo que hacían los periódicos por ocupar un espacio delimitado dentro de su edición impresa. El segundo: en internet es mucho más sencillo dirigir un anuncio al público que se busca. En un periódico el anuncio era una especie de pedrada al cielo; a ver a quién le pegaba. En cambio, en internet se puede saber con toda especificidad quién lee, su edad y género, hasta su educación e intereses personales y de consumo.[3]

Quienes tuvieran mayor alcance podrían explotar de mejor manera el uso de datos para venta de productos. Facebook y Google, los dos sitios más visitados en el planeta, tenían primera mano para aprovechar el nuevo modelo. Facebook por ser la red social más grande de la Tierra y Google por ser el buscador en línea *default* del mundo; de hecho Facebook anunció que posee 2 000 millones de usuarios activos al mes —conectados al menos una vez cada 30 días—, lo cual quiere decir, bajo el supuesto de que cada usuario es una persona, que casi 30% de la población mundial utiliza la red.[4]

Estos dos grandes canales se han adecuado al nuevo mundo, y lo han hecho de forma exitosa. A pesar del miedo inicial a comercializar la plataforma a expensas de los usuarios. Como dice la versión ficticia de Mark Zuckerberg en la película *The Social*

Network: "No sabemos qué es [Facebook] todavía, sólo sabemos que es *cool*".

Parte del atractivo en sus inicios, a mediados de la década pasada, era que no había publicidad. No obstante, en pleno 2017 es imposible evitarla. En el *home* del sitio aparece un anuncio cada cierto número de publicaciones, igual en las barras laterales. Estos anuncios no sólo estorban, sino que incluso son un ataque a la privacidad: la interconexión entre la red, contactos e información personal es tal que uno puede ver anuncios sobre productos que está por comprar en otro sitio, o de los cuales discutió con otra persona. Esto no detiene a los usuarios, al grado de que la red crece a pesar de las amenazas directas a la privacidad. El usuario está dispuesto a utilizar la red social aunque la red lo conozca todo.

Facebook es un pasaporte universal en internet. En lugar de introducir información y datos, así como una contraseña nueva que tal vez se olvide, el usuario puede usar su cuenta de Facebook como prueba de identidad, y el sitio la acepta sin chistar. Con ese pasaporte viene toda la información que se comparte a terceros. Por eso —y con razón— los anuncios en la red espantan tanto al usuario.

Google, por su parte, tiene dos vertientes de anuncios. La más conocida es aquella que aparece en el buscador mismo. Cuando uno ingresa un término, antes de ver los resultados hay un par en la parte superior que pueden corresponder a la búsqueda, pero que son inserciones pagadas con el objetivo de que la persona haga clic en ellas en lugar del resultado orgánico, entiéndase, aquel que el algoritmo determina es el más exacto.[5] La otra manera en la que funciona Google es a través de AdSense, la plataforma que exporta a cualquier sitio web, que se comentó al hablar de los sitios macedonios.

Los dos gigantes de la red se embolsan cerca de 70% del dinero que se gasta en anuncios en línea. Según *The Wall Street Journal*, esto equivale a casi 50 000 millones de dólares. Junto con la cantidad de dinero gastado en publicidad, Facebook y Google son, como decíamos, la puerta de entrada a internet: casi 80% del tráfico redirigido, es decir, el tráfico que se envía de un lado a otro en la red proviene de estos dos sitios.[6] En esas condiciones resulta imposible competir, ya que la distancia entre ambas compañías y el resto de los proveedores de la red es insuperable.

En este nuevo mundo, o el resto de los sitios se adhieren a los términos de Facebook y Google o desaparecen.

Mientras los medios luchan por subsistir, las mentiras de los sitios falsos se propagan como nunca antes y tienen efectos duraderos. Tan sólo en junio y julio de 2017 una historia mostró el poder de las *fake news*.

El 14 de junio, una página relativamente desconocida de Facebook llamada *Harrisburg 100* publicó que un grupo de manifestantes convocaba a una marcha en la ciudad de Gettysburg, Pensilvania, con el fin de pisotear y humillar la bandera confederada, uno de los símbolos más importantes del sur de Estados Unidos, hoy asociado en gran parte con grupos racistas del país. Al mismo tiempo, decía *Harrisburg 100*, los manifestantes destruirían las tumbas de varios héroes del ejército confederado que luchó contra el Norte en la Guerra Civil. La manifestación se llevaría a cabo el 1° de julio.

La nota falsa circuló por internet y llegó a varios *youtubers* nacionalistas que convocaron a un grupo de choque para contrarrestar la protesta. Los videos llegaron hasta Jack Posobiec, un tuitero pro-Trump con cierta influencia dentro de las esferas de internet con tendencia conservadora. Posobiec los difundió y pidió a sus seguidores ir a Gettysburg el primero de julio.

Al mismo tiempo, un usuario anónimo entró a Reddit para alertar que la protesta era cierta, y que los manifestantes estaban dispuestos a tener una "verdadera guerra civil". La cuenta se denominaba "Acción antifascista". Y entonces la nota llegó a *Breitbart*. Cientos de miles de personas la compartieron y llamaron a pelear en contra de quienes buscaban "profanar" las tumbas de los soldados. Se esperaba una confrontación masiva.

Se cumplió la fecha. El 1º de julio docenas de nacionalistas aparecieron en Gettysburg. Varios de ellos miembros de milicias y armados hasta los dientes. Frente a ellos, nada. Fueron engañados.

Durante la espera por el supuesto grupo antifascista, uno de los milicianos, Benjamin Hornberger, se disparó por accidente en el pie. Su revolver estaba cargado y no tenía seguro.[7] Simbolismo puro.

Las *fake news* no sólo son exclusivas del mundo de la política: ocurren en otras ramas de la sociedad. Por ejemplo, en los mercados de valores. En los últimos años, los programadores de sitios han aprendido a aprovechar el algoritmo de Google, que posiciona a los sitios conforme a su relevancia frente a lo que busca el usuario. También han aprendido a plantar notas falsas dentro de la sección de noticias en el buscador, lo cual, irónicamente, las hace más creíbles.

Varias personas se han beneficiado de estas trampas. Por ejemplo, Kamilla Bjorlin, que tiene dos trabajos: actriz de papeles secundarios en Hollywood y manipuladora de información en internet para ganar dinero. Bjorlin enfrenta demandas millonarias por pagar a programadores anónimos para escribir textos y replicarlos por la red.

Estos textos, escritos por autores que inventan con credenciales económicas impecables, hablan maravillas de ciertas compañías y acciones bursátiles; el motivo es inflarlas para manipular precios y volverse millonarios a través de la compra y venta de acciones en la Bolsa de Valores. Las *fake news* en el mundo económico están despegando. Apenas son una docena de compañías demandadas, pero en el futuro con seguridad habrá más.[8]

Quizá lo más preocupante sea que el consumidor número uno de noticias falsas es el presidente de Estados Unidos, Donald Trump. Llama mucho la atención si se piensa que el puesto de presidente tiene, por mero designio, las mejores fuentes de inteligencia disponibles.

Aun así, Trump se informa en otras fuentes: internet, amigos y televisión. En tiempos de Barack Obama, por ejemplo, el presidente no tenía acceso a muchas funciones de su celular por cuestiones de seguridad. No fue sino hasta 2016, al final de su segundo periodo presidencial, que los aparatos de seguridad nacional le permitieron tener su propio *smartphone*, aunque con capacidades limitadas para evitar que lo hackearan.[9]

Con Trump ocurre todo lo contrario. El presidente siempre tiene un *smartphone* al alcance de sus manos, lo cual, sobra decir, representa un severo problema de seguridad nacional estadounidense y de seguridad internacional. Sin contar que tiene filtro lo que piensa y escribe para que todo el planeta lo lea.

Un ejemplo claro ocurrió la primera semana de julio de 2017. Sin previo aviso, Trump tuiteó un *meme* desde su celular. Hasta ahí ningún problema. El presidente quiso compartir un chiste. Pero al ver el *meme*, la cosa se complicó un poco. Era un video editado en el que él agarraba a golpes a otra persona con el logotipo de CNN superpuesto en su cabeza. Medios y periodistas interpretaron esto como una amenaza: Trump no tenía miedo de golpear a los medios. Otros no lo tomaron con seriedad.

El problema verdadero no fue ése. El problema fue conocer la procedencia del *meme*. Aunque varias publicaciones encontraron su supuesto origen en Reddit, no tenía su origen ahí. En realidad, dado que Trump lo tuiteó desde un iPhone, y los iPhones no bajan videos desde internet, quiere decir que el video llegó a través de su aplicación de cámara. ¿Qué implica esto? Que alguien se lo envió a través de un servicio de mensajería instantánea como Telegram o WhatsApp.

Esto puede sonar nimio: ¿a quién le importa el origen de los *memes* que comparte el presidente? La realidad tiene implicaciones más fuertes: para recibir el *meme* el teléfono tuvo que estar conectado al servicio de mensajería. Para conectarse quiere decir que tiene acceso irrestricto a internet. Eso significa que su celular puede ser hackeado en cualquier momento. Y todo por compartir algo que le pareció chistoso o amenazante.[10]

La manera en que se comparten y diseminan las noticias falsas se ha acelerado en los últimos meses. Aunque algunas son más que obvias, muchas comienzan a disfrazarse cada vez mejor y es más difícil distinguirlas de las verdaderas. No sólo por cómo las presentan los sitios de internet, sino por su origen mismo.

En mayo pasado *Citizen Lab* en la Universidad de Toronto, demostró en un estudio algo sorprendente: los *hackers* rusos que han filtrado información a medios de comunicación para difundir secretos y material robado ahora mezclan material apócrifo dentro de lo que comparten. Entiéndase: presentan documentos a los medios, comparten su procedencia y se los dejan. Pero dentro de la filtración hay contenido falso. Y salvo que el medio tenga muy buenas conexiones o los mejores investigadores del mundo, cada día es más difícil saber qué es verdad y qué es mentira.[11]

Estos *hackers*, contrario a lo que se piensa, no son ejércitos coordinados con uniformes y rangos encuartelados en una base militar perdida en Siberia. Son jóvenes, algunos incluso menores de edad, con acceso a internet, con habilidades no necesariamente sobresalientes de programación y dispuestos a hacer trabajo sucio por salarios ínfimos. Poco o nada se sabe sobre sus identidades o sobre sus contactos gubernamentales. Luchar contra ellos es imposible, pues son sombras conectadas a una red.[12]

Se preguntará el lector si se puede hacer algo. Si hay alguna manera de luchar contra las noticias falsas, contra los *hackers* rusos, contra la desinformación generalizada.

Algunos políticos han optado por la ruta de la prohibición. En Brasil un legislador propuso cárcel de dos a ocho meses a quien compartiera contenido falso.[13] En Alemania la propuesta de ley va un poco más avanzada, pues fue aprobada por el gabinete de Angela Merkel. A diferencia de Brasil, la propuesta alemana multaría a las redes y no a las personas por permitir la difusión de contenido falso, y lo haría con multas de hasta 50 millones de euros en casos extremos. El motivo detrás de esta propuesta, según la exposición de motivos de la ley, fue lo que sucedió en la campaña presidencial de Estados Unidos.[14]

Sin embargo, éste no es el camino. Un Estado regulador, que limita la libertad de expresión es el primer paso a un Estado totalitario donde todo, absolutamente todo, puede ser clasificado como *fake news*. Abrir la puerta a este tipo de leyes resultará en fuentes de información limitadas y, en un caso no tan extremo, que tengan permiso de repetir información oficial y preaprobada. Así como ya sucede en Rusia, donde el control de los medios es tal que la crítica y la información negativa sobre lo que hace el gobierno debe publicarse en canales o medios no tradicionales para salir a la luz.

Como en sitios como Pornhub, uno de los distribuidores más grandes a nivel mundial de pornografía, que el año pasado se metió en problemas con el gobierno de Vladimir Putin no por difundir pornografía, sino por permitir que varios usuarios subieran un documental prohibido sobre el primer ministro ruso, Dmitry Medved.[15] Tanto las mentiras como la verdad siempre encontrarán el camino para propagarse.

¿Y México? México será un caso aparte por mucho tiempo. Mientras nuestros medios de comunicación vivan en el siglo XX y publiquen sin cuestionarse lo que dice el gobierno, o impriman teorías de conspiración sólo porque son contestatarias,[16] nuestro problema de *fake news* seguirá siendo un caso atípico: en lugar de ser un sistema de medios donde la verdad sea remplazada por mentiras, las mentiras, tal vez, serán remplazadas por la verdad. Hasta que las mentiras las remplacen otra vez.

Notas

1 El caso contrario es *Las Vegas Review-Journal*, comprado por el magnate dueño de casinos y amigo cercano de Donald Trump, Sheldon Adelson. Como bien muestra el documental de Netflix, *Nobody Speak: Trials of the Free Press*, Adelson destruyó la redacción y modificó ciertos ángulos de cobertura para que no se hablara mal de sus negocios ni del presidente.

2 Jill Disis, "'Locked in battle': Times and Post in an epic race for the truth", CNN, 17 de mayo de 2017. Disponible en http://money.cnn.com/2017/05/17/media/new-york-times-washington-post-rivalry/index.html. (Fecha de consulta: 10 de julio de 2017.)

3 Cosa que debería espantar a cualquiera.

4 Al no existir datos desagregados, bien puede ser que esos 2 000 millones incluyan a usuarios con más de una cuenta. Véase Mark Zuckerberg, https://www.facebook.com/zuck/posts/10103831654565331, 27 de junio de 2017. (Fecha de consulta: 10 de julio de 2017.)

5 Google tiene una página que explica cómo funcionan los anuncios en la búsqueda, por lo que no es ningún secreto. Véase "Aparece en los resultados de búsqueda de Google", Google. Disponible en https://adwords.google.com/home/how-it-works/search-ads. (Fecha de consulta: 10 de julio de 2017.)

6 David Chavern, "How Antitrust Undermines Press Freedom", *The Wall Street Journal*, 9 de julio de 2017. Disponible en https://www.wsj.com/articles/how-antitrust-undermines-press-freedom-1499638532. (Fecha de consulta: 10 de julio de 2017.)

7 Ryan Broderick, "A Fake Story Tricked Trump Supporters Into Protesting For No Reason, Then One Of Them Accidentally Shot Himself",

Buzzfeed, 4 de julio de 2017. Disponible en https://www.buzzfeed. com/ryanhatesthis/a-guy-accidentally-shot-himself-after-a-fake-news-story. (Fecha de consulta: 10 de junio de 2017.)

8 Renae Merle, "Allegations of 'fake news' stretch beyond politics", *The Washington Post*, 4 de julio de 2017. Disponible en https://www. washingtonpost.com/business/economy/company-moved-market-with-fake-news-stories-sec-alleges/2017/07/04/419a3bd4-54f9-11e7-b38e-35fd8e0c288f_story.html. (Fecha de consulta: 10 de julio de 2017.)

9 Aaron Pressman, "President Obama's New Smartphone Is More Like a Toddler Phone", *Fortune*, 10 de junio de 2016. Disponible en http:// fortune.com/2016/06/10/president-obamas-new-smartphone-is-more-like-a-toddler-phone/. (Fecha de consulta: 10 de julio de 2017.)

10 Ryan Broderick, "How A Random GIF from Reddit Probably Ended Up on President Trump's Phone", *Buzzfeed*, 5 de julio de 2017. Disponible en https://www.buzzfeed.com/ryanhatesthis/how-a-random-gif-from-reddit-probably-ended-up-on-president. (Fecha de consulta: 10 de julio de 2017.)

11 Citizen Lab, "Tainted Leaks: Disinformation and Phishing with a Russian Nexus", *University of Toronto*, 25 de mayo de 2017. Disponible en https://citizenlab.org/2017/05/tainted-leaks-disinformation-phish. (Fecha de consulta: 10 de julio de 2017.)

12 Joshua Yaffa, "The U.S. Media's Murky Coverage of Putin and Trump", *The New Yorker*, 6 de julio de 2017. Disponible en http://www.newyor ker.com/news/news-desk/what-russian-journalists-think-of-how-ameri can-reporters-cover-putin-and-trump. (Fecha de consulta: 10 de julio de 2017.)

13 Câmara dos Deputados, "Projeto torna crime divulgar ou compartilhar notícia falsa na internet", 16 de marzo de 2017. Disponible en http:// www2.camara.leg.br/camaranoticias/noticias/direito-e-justica/ 525374-projeto-torna-crime-divulgar-ou-compartilhar-noticia-fal sa-na-internet.html. (Fecha de consulta: 10 de julio de 2017.)

14 Anthony L. Fisher, "Fake news is bad. Attempts to ban it are worse", *Vox*, 5 de julio de 2017. Disponible en https://www.vox.com/the-big-idea/2017/7/5/15906382/fake-news-free-speech-facebook-google. (Fecha de consulta: 10 de julio de 2017.)

15 Greg Walters, "Russians now need a passport to watch Pornhub", *Vice*, 10 de julio de 2017. Disponible en https://news.vice.com/story/

russians-now-need-a-passport-to-watch-pornhub. (Fecha de consulta: 10 de julio de 2017.)

[16] Para el lector que ha consultado estas extensas notas a pie, un último ejemplo: el caso de Alfredo Jalife-Rahme, columnista que desde hace lustros tiene una página completa en el periódico *La Jornada* para difundir teorías de conspiración que funda en fuentes, por decir lo menos, dudosas. El caso más llamativo fue el del Amero, teoría esbozada por Jalife en al menos cuatro ocasiones, en la que sostenía, al estilo Alex Jones, que Estados Unidos daría un autogolpe de Estado para eliminar su moneda, el dólar, y la remplazaría con otra conocida como el amero. Jamás sucedió. La columna más reciente, de 2014, está disponible en Alfredo Jalife-Rahme, "¿Nueva divisa de la Unión Monetaria Norteamericana (EU, Canadá y México): amero?", *La Jornada*, 17 de diciembre de 2014. Disponible en http://www.jornada.unam.mx/2014/12/ 17/opinion/01801pol. (Fecha de consulta: 10 de julio de 2017.)

"FRIDA SOFÍA"
Y EL 19 DE SEPTIEMBRE DE 2017

A la 1:14 de la tarde del 19 de septiembre de 2017, a poco más de dos horas de concluir el simulacro en recuerdo del temblor de 1985, la Ciudad de México comenzó a sacudirse de forma violenta. Minutos después del terremoto de magnitud 7.1, las redes sociales ya tenían fotografías de las consecuencias en distintos lugares. La mayoría de las fotos resultó verdadera. Varios edificios cayeron casi de inmediato. Algunos, después. Hubo cientos de muertos y desaparecidos. Y gran parte de ello estaba documentado en Facebook y Twitter.

Pero hubo derrumbes inexistentes. Fotos de casas y edificios colapsados que no estaban en la Ciudad de México. Direcciones apócrifas en calles que no hacían cruce. En el clima de pánico —en el que era imposible verificar los reportes de manera inmediata— se generó una psicosis natural.

Poco a poco las redes se fueron asentando y diversos grupos intentaron darle cauce a la información. Algunas iniciativas buscaron corroborar direcciones de centros de acopio, otras buscaron ratificar listas de material urgente y otras más el estado y necesidades de los propios lugares donde se rescataba a personas de los edificios que ya no existían.

155

Aun así, el volumen de mensajes era imposible de filtrar. Y en tiempos de incertidumbre, la desinformación comenzó a hacerse de un espacio importante. Gente que jugaba con las emociones de los demás al "confirmar" rescates de sobrevivientes que resultaron falsos. Personas que enviaron a voluntarios que con buena fe llegaron a ayudar a donde no sólo no se necesitaba ayuda, sino donde no había ocurrido nada.

Y peor aún, rumores que generaron histeria colectiva. Ninguno más grave que los que giraron alrededor de la Escuela Enrique Rébsamen, donde murieron 27 personas: 19 niños y ocho adultos.[1] Esos, curiosamente, los propagaron los medios tradicionales.

La historia que capturó a todo el país ocurrió al sur de la Ciudad de México, en la mencionada escuela privada Enrique Rébsamen. El plantel, que posteriormente se sabría, fue ampliado de manera irregular —tenía dos casas encima de un edificio administrativo; una de ellas, la de la directora, contaba con jacuzzi y acabados en mármol—,[2] se derrumbó durante el temblor. Varios estudiantes y adultos lograron salir del colegio, y lo hicieron por no seguir las indicaciones de seguridad, que los llevaban por debajo del edificio que colapsó.[3]

Pero decenas quedaron atrapados bajo los escombros.

Los cuerpos de rescate llegaron tan pronto pudieron. Y con ellos, los medios de comunicación, nacionales e internacionales. Al tratarse de niños, la historia era mucho más delicada que de costumbre, y también mucho más atrayente. Todos la querían cubrir. Y más cuando, en una confusión que no ha sido aclarada al día de hoy, una niña de nombre "Frida Sofía" se convirtió en el centro de atención.

No se sabe cómo inició el rumor; algunos medios apuntaron a que realmente había una niña entre las ruinas, y que un rescatista la llamaba "Frida" al no saber su nombre, para que así fuera más fácil identificarla. Otros dicen que la confusión se dio porque había varias niñas llamadas Sofía que todavía no aparecían. Algunos dijeron incluso que se trató de una niña que fue a pedir informes con su madre ese mismo día, y por eso no estaba registrada.

Pero no hizo falta más. Los medios, desde ambos extremos del cuadrante —tanto Carmen Aristegui[4] como Televisa[5]— se engancharon a la historia y no la soltaron. Que si Frida tomaba agua a través de una grieta, que si respondía con voz o con golpes, que si había cinco personas más atrapadas junto con ella. El país entero estaba pegado a la televisión y a las redes. Incluso el secretario de Educación Pública, Aurelio Nuño, estaba en el colegio a la espera del milagroso rescate.

Rescate que nunca se dio. Conforme pasaban las horas la Secretaría de Marina, encargada de las operaciones en la escuela, y los medios de comunicación aseguraban que era cuestión de tiempo para que Frida saliera con vida de los escombros. Pero empezaron a aparecer indicios de que algo estaba mal. Primero se dijo que Frida y sus compañeros no estaban en el piso en el que se pensaba, después que había lozas muy pesadas que impedían el acceso de los rescatistas al lugar donde estaba atrapada.

De repente, sin mayor explicación, la Marina salió ante los medios a decir que "Frida Sofía" no existía, que no había ninguna niña bajo las ruinas del Rébsamen. El país, y los medios de comunicación, montaron en cólera al conocer la verdad.

Pero los medios habían amplificado el mensaje. En las portadas de los periódicos, en la maratónica cobertura televisiva, de lo único que se hablaba era de "Frida Sofía". Se trataba de *la* historia del temblor. Aunque la Marina se disculpó después de manera pública —algo que rara vez hace—, la admisión del error no fue suficiente, en los medios fue crucificada. Y la autocrítica de quienes retransmitieron la información falsa sin preguntar, ésa fue nula.

¿Cómo es que la niña que todo mundo esperaba que saliera del derrumbe del Colegio Rébsamen nunca existió? Al momento de escribir este epílogo no existe una historia cien por ciento confiable. Pero en el furor de la noche del 19 de septiembre apareció aquella que los medios querían reportar y el país quería consumir. Como apuntó el psicólogo Alejandro Reyes a *The New York Times* la semana siguiente al caso:

> Como resultado de nuestra ansiedad y nuestras expectativas interpretamos la información de los rescatistas de manera distorsionada. Está demostrado que nuestra atención y nuestra percepción son selectivas, es decir, que se restringen por nuestras experiencias y elementos afectivos, tales como el deseo de encontrar a una persona que ha desaparecido en un desastre o encontrar a un ser querido en los escombros de un edificio colapsado. [6]

México buscaba una historia y la encontró. Pero al igual que el pueblo de Springfield en *Los Simpson*,[7] sólo vivió un engaño, cortesía de las *fake news* que se crearon en un momento de miedo y tensión nacional. "Frida Sofía" quedará como el recuerdo de que, cuando más vulnerable es la sociedad, más probable es que las mentiras intenten suplantar a la verdad.

NOTAS

[1] Cifra actualizada al 25 de septiembre de 2017.

[2] David Fuentes, "Permitieron hasta un jacuzzi sobre aulas del Rébsamen", *El Universal*, 25 de septiembre de 2017. Disponible en: http://www.eluniversal.com.mx/nacion/seguridad/permitieron-hasta-un-jacuzzi-sobre-aulas-del-rebsamen. Fecha de consulta: 27 de septiembre de 2017.

[3] Solera, Claudia, "Colegio Enrique Rébsamen; pese a luto exigen colegiatura", *Excélsior*, 29 de septiembre de 2017. Disponible en: http://www.excelsior.com.mx/comunidad/2017/09/29/1191474. Fecha de consulta: 29 de septiembre de 2017.

[4] El sitio de Aristegui Noticias publicó un tuit al respecto en el que aseguraba que "Frida Sofía" hasta había sido rescatada. Al percatarse de que la historia no era cierta, borró la comunicación y no explicó por qué. Sin embargo, el periodista Juan Carlos Romero capturó la imagen, la cual está disponible en: https://twitter.com/jcromero/status/912445844107825154. Fecha de consulta: 27 de septiembre de 2017.

[5] Televisa, por su parte, dio cobertura casi ininterrumpida durante más de 10 horas a lo que sucedía en la Escuela Enrique Rébsamen, mientras otros lugares como Jojutla en Morelos o San Gregorio en Xochimilco quedaron completamente destruidos por el sismo, sin recibir la misma atención mediática.

[6] Megan Specia, "'Frida Sofia': The Mexico Earthquake Victim Who Never Was", *The New York Times*, 27 de septiembre de 2017. Disponible en: https://www.nytimes.com/2017/09/27/world/americas/mexico-earthquake-trapped-girl.html. Fecha de consulta: 28 de septiembre de 2017.

[7] El día que se reveló la inexistencia de "Frida Sofía", TV Azteca — competencia directa de Televisa—, en un acto de burla, transmitió uno de los primeros episodios de Los Simpson, el cual no había reproducido durante mucho tiempo. El episodio, titulado "Radio Bart", narra la historia de cómo Bart Simpson tira un radio a un pozo e inventa a un niño de nombre Timmy O'Toole, supuestamente atrapado en el fondo. Al final del episodio se revela que todo fue una broma y que Timmy nunca existió.

AGRADECIMIENTOS

A Héctor Aguilar Camín.

A Jorge Landa y Juan Pablo García Moreno.

A Penguin Random House, mi casa editorial desde hace ya unos años. En particular a Enrique Calderón, Ricardo Cayuela, Cynthia Chávez, Juan Carlos Ortega y Andrés Ramírez.

A Pepe Merino y el equipo de Data4 por su ayuda en la no pequeña tarea de analizar microdatos.

A Rafael Cabrera por escuchar mis incesantes quejas sobre nuestro periodismo nacional.

A Raúl Bravo por ayudarme a empezar este proyecto.

Y como siempre a mi familia. Di, Ma, Pa y Valesaurio, a quien su apodo le dará vergüenza en unos años. Soy un dolor de cabeza cuando escribo un libro. Gracias por aguantarme.

Fake news de Esteban Illades
se terminó de imprimir en enero de 2018
en los talleres de
Litográfica Ingramex, S.A. de C.V.
Centeno 162-1, Col. Granjas Esmeralda, C.P. 09810
Ciudad de México.